Sabrina Sundermann

101 Motive drucken

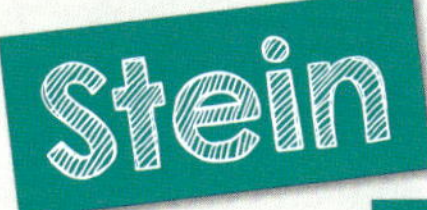

für

Stein

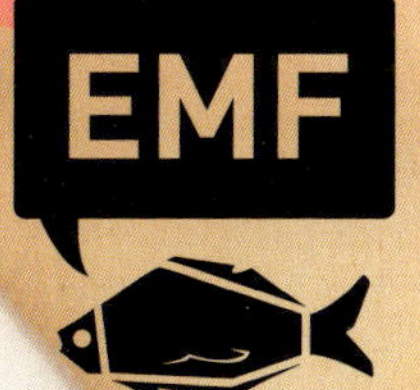

EIN BUCH DER
EDITION MICHAEL FISCHER

Inhalt

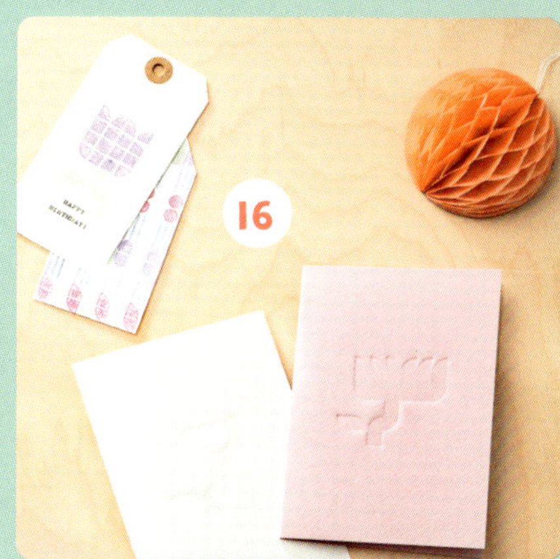
16

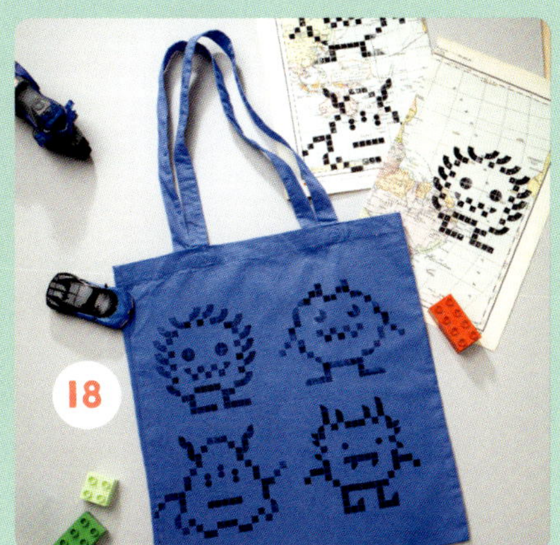
18

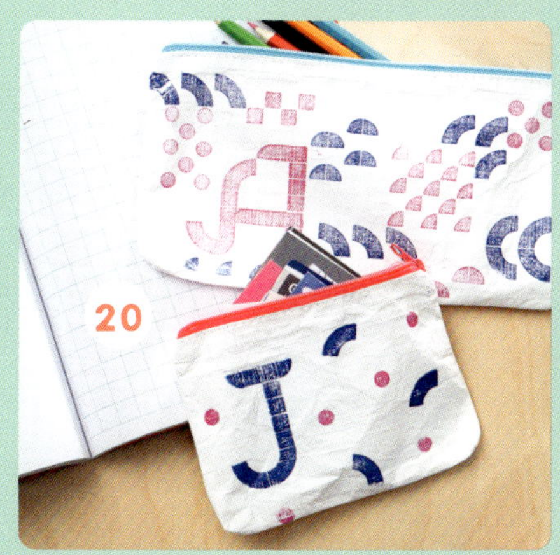
20

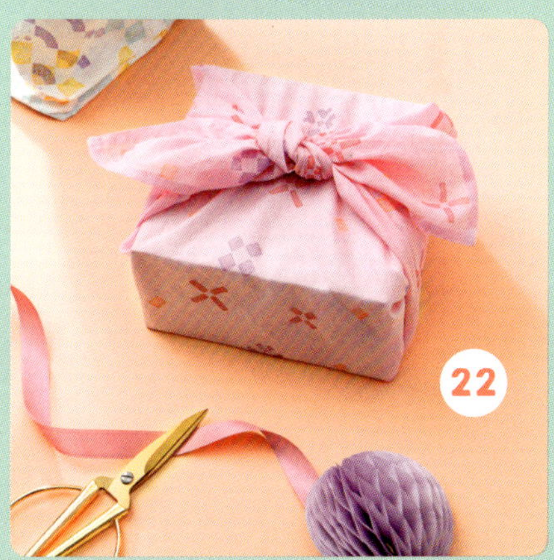
22

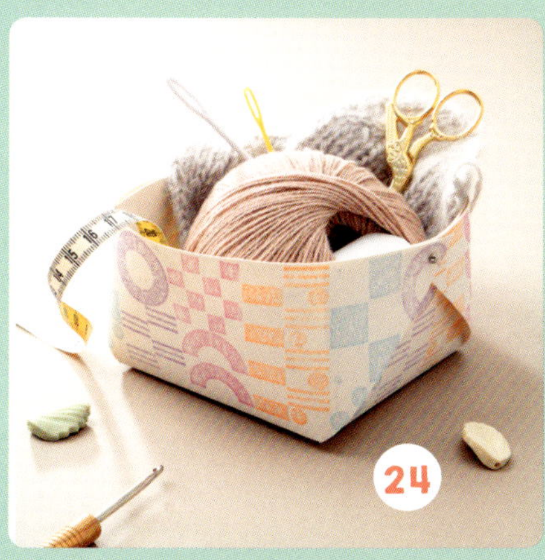
24

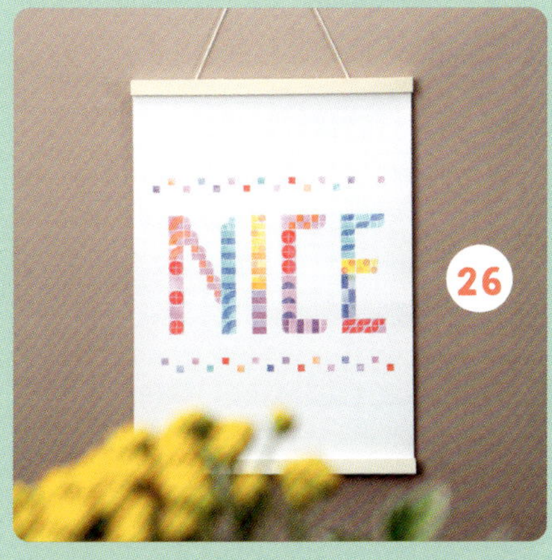

26

Einleitung

Stempeln mag zunächst wie eine gleichförmige Angelegenheit wirken, doch hat man erst mal die passenden Druckplatten gefunden, sind der Kreativität keine Grenzen mehr gesetzt: Mit unzähligen Kombinationen von Formen, Farben und Mustern können wir einzigartige Designs gestalten und dieselben Stempelvorlagen immer wieder neu in Szene setzen.

In diesem Buch verwenden wir Klemmbausteine als Stempel. Mit ihnen kannst du auf eine spielerische Weise deine eigenen Stempel basteln. Die Bausteine haben geometrische Formen, die du du ganz individuell zu Mustern oder Motiven kombinieren kannst. Mich fasziniert diese Vielseitigkeit, denn je nachdem wie du die Steine zusammensteckst, können Blumen und Buchstaben, aber auch Pixelgrafiken entstehen.

Wir starten in diesem Buch mit einem einfachen Design und enden mit einem bunten Poster, das in mehreren Schritten gedruckt wird. So kann die ganze Familie sich mit diesen Anleitungen kreativ austoben: Es ist für Groß und Klein etwas dabei. Am Ende findest du weitere Vorlagen für noch mehr Druckspaß. Nimm dir Zeit zum Experimentieren und entwickle deine eigenen Kunstwerke!

Viel Spaß!

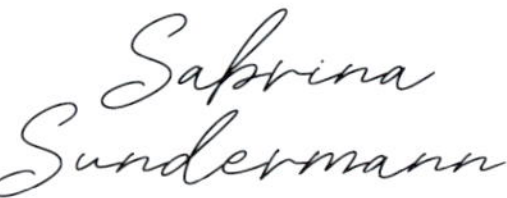

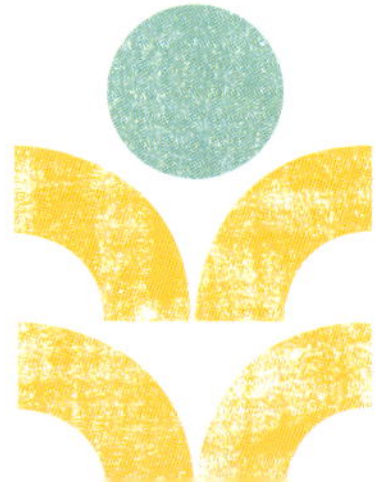

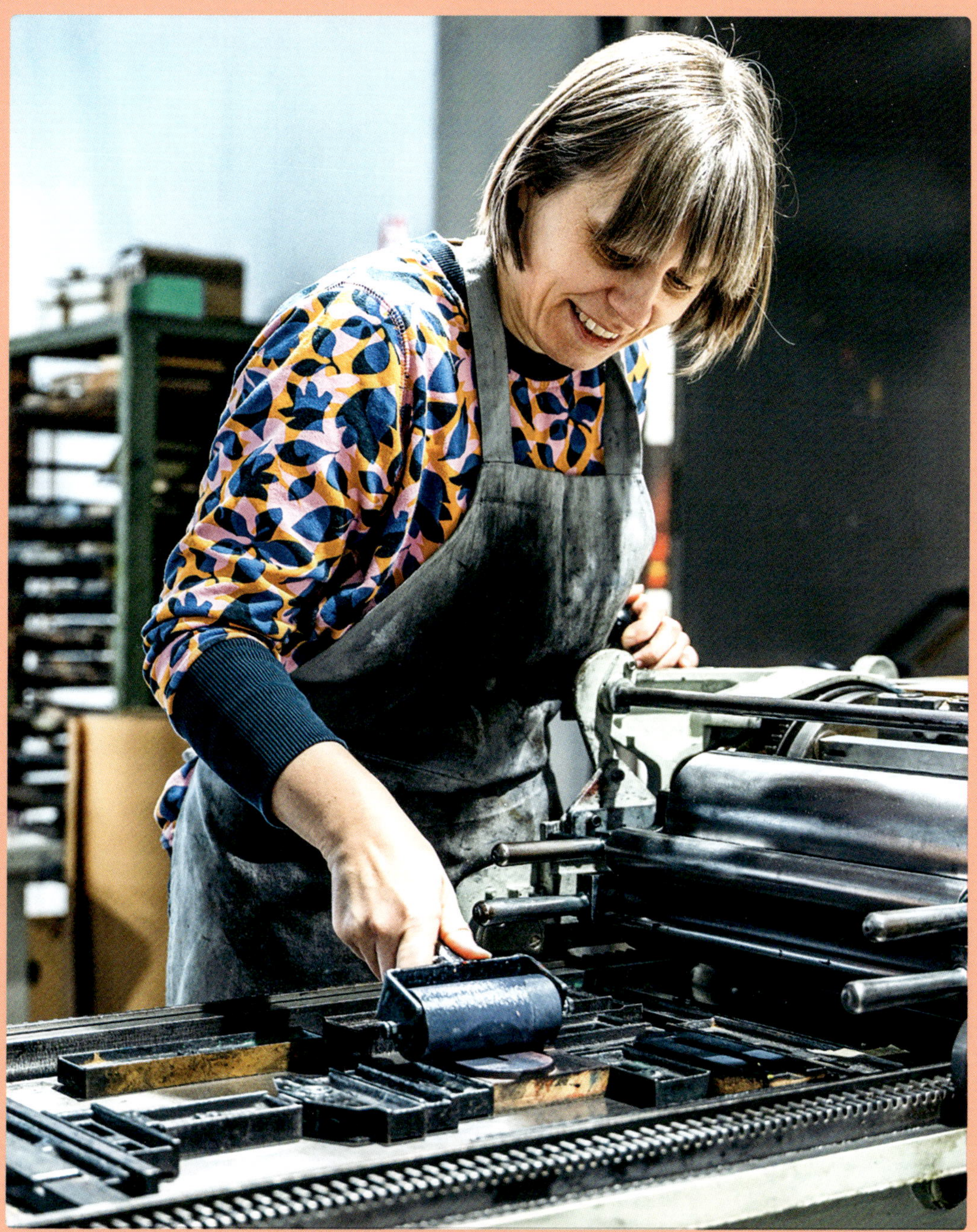

© Merilin Metsamaa

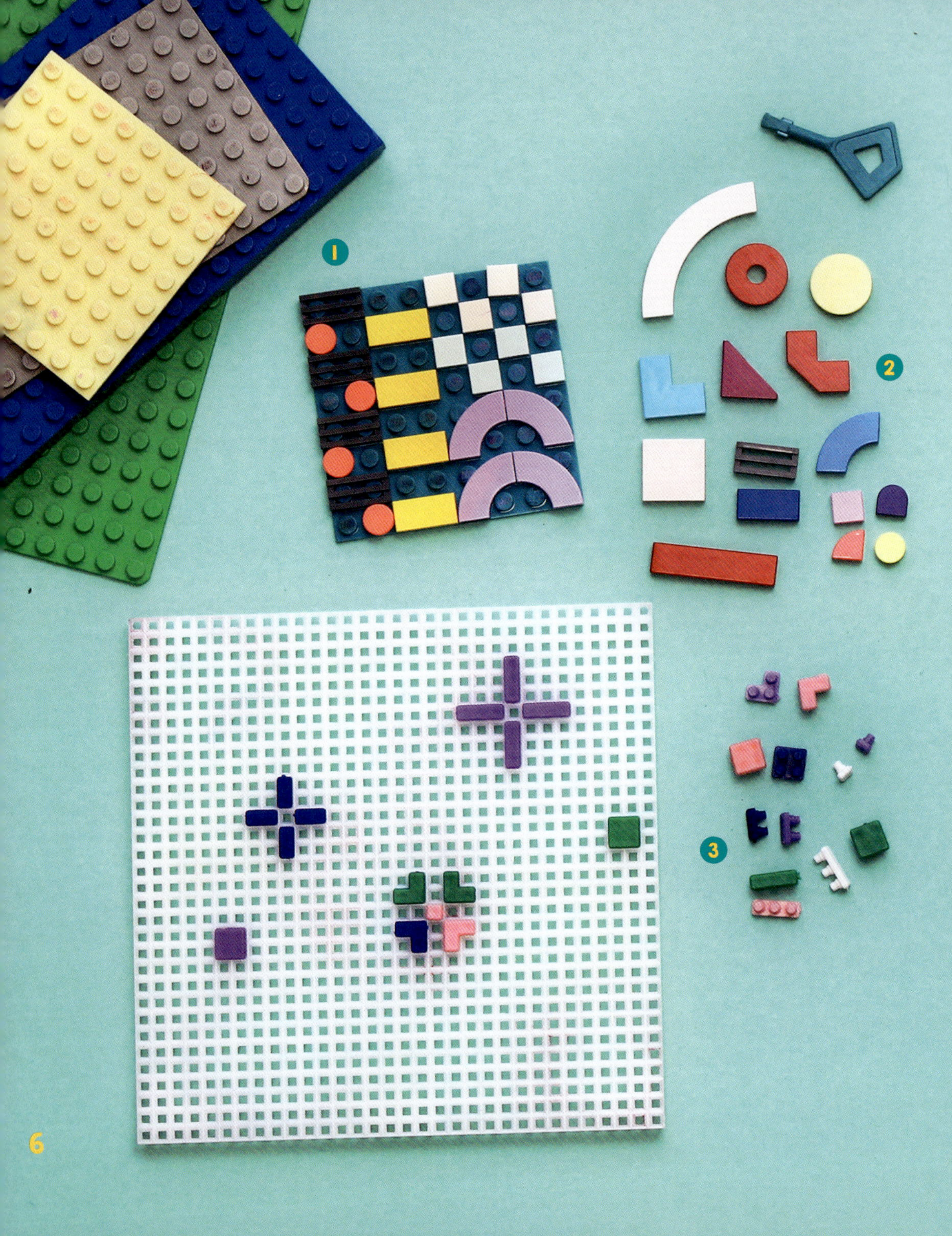
1
2
3

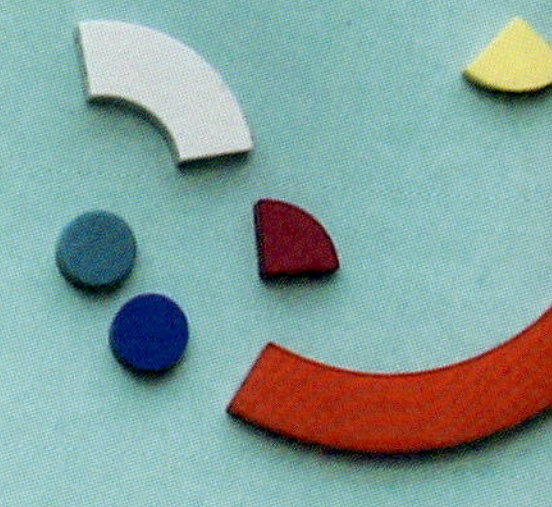

Druckstock

Die Bausteine

Eine tolle und vielseitige Alternative zu traditionellen Druckstöcken ist das Drucken mit flachen Klemm- und Steckbausteinen. Sie bieten viele verschiedene Möglichkeiten eigene Muster, Motive, Icons oder sogar ganze Alphabete zu erstellen. Auch Kinder können damit sehr einfach ihre eigenen Ideen zu Papier bringen.

1 Der Klassiker

Die Lego-Dots-Sets beinhalten kleine Quadrate, Kreise, Viertelkreise und Bögen.

2 Die Alternativen

In BlueBrixx Stores kann man aus einer Vielzahl verschiedener flacher Bausteine wählen. Da gibt es z. B. auch große Kreise, Kreise mit Loch, Dreiecke oder Winkel.

CMC imports bietet ebenfalls verschiedene flache Klemmbausteine online an.

Die unterschiedlichen Klemmbausteine können alle untereinander kombiniert und auf großen oder kleinen Noppenplatten zu Mustern zusammengepuzzelt werden.

3 Steckbausteine

Z. B. von ministeck, können ganz easy zu abstrakten Mustern, Buchstaben oder Pixel Art zusammengesetzt werden. Da die Steine andere Formate haben, ergeben sich damit nochmal andere Muster.

Tipp!

Um Motive zu planen, kannst du sie erst mal aufzeichnen. Lade dir dazu die Rastervorlage für Klemm- oder Steckbausteine herunter.

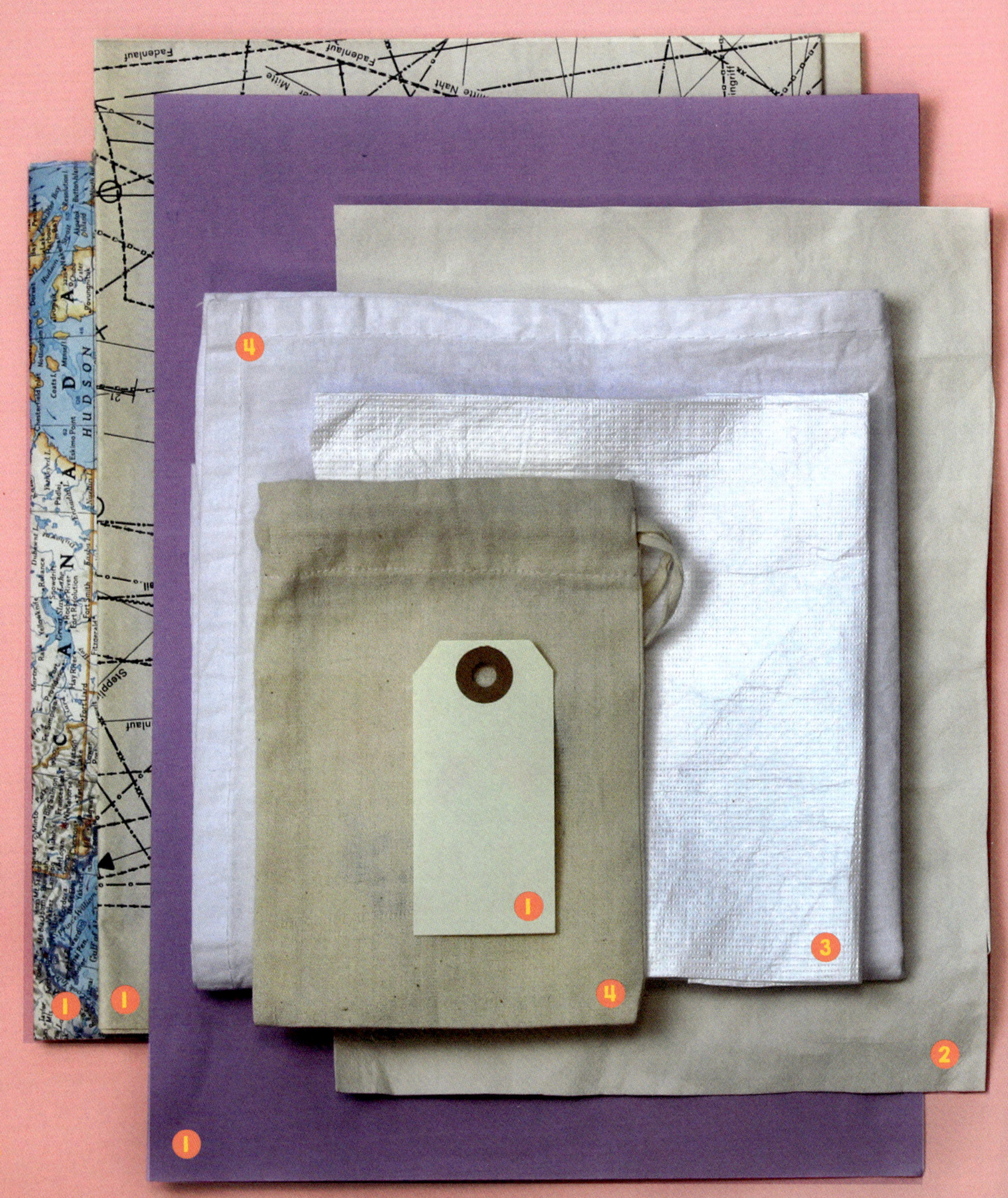
4
1
3
4
1
1
2
1

Trägerstoffe

Papier 1

Für die Projekte in diesem Buch kannst du verschiedene Papiersorten benutzen.

Neben dem klassischen weißen Zeichenpapier eignen sich ebenso alte Buchseiten oder Landkarten sehr gut, um Wandbilder oder Poster zu drucken. Auch farbiges Papier, dünnes japanisches Papier oder graues recyceltes Papier können ein spannendes Ergebnis bringen.

Etwas stärkeres Papier ab 250 g verwendest du am besten für Grußkarten und Objekte wie Körbchen, die später gefaltet werden und eine gewisse Stabilität haben sollen.

Tipp!

Die Testdrucke und übrig gebliebenen Schnipsel der Druckprojekte auf jeden Fall aufheben. Du kannst mit diesen Restpapieren zum Beispiel Collagen herstellen oder andere Objekte aus Karton oder Holz damit bekleben.

SnapPap 2

SnapPap ist ein Material, das optisch und haptisch Leder ähnelt. Es ist reißfest und waschbar. Aus SnapPap kann man die vielfältigsten Dinge herstellen. Du kannst es wie Papier schneiden, prägen, plotten, bügeln, kleben oder wie Stoff vernähen. Es lässt sich auch bemalen und bestempeln.

Tyvek 3

Tyvek ist ein sehr leichtes, wasserfestes, stoffähnliches Material, das sich im DIY-Bereich auch sehr gut zum Basteln eignet. Du kannst es schneiden und kleben oder vernähen, und es ist wasserfest. Verwende die StazOn-Stempelfarbe, um die Motive wischfest auf das Tyvek zu drucken.

Stoffe 4

Die meisten hellen Stoffe (möglichst 100 % Baumwolle) lassen sich sehr gut mit Stempelfarben oder auch Textilfarben bedrucken. Du bekommst helle oder einfarbige Leinenbeutel, T-Shirts, Säckchen, Täschchen, Wimpelketten etc. im Handel oder online. Wichtig ist, die Stoffe vor dem Bedrucken zu waschen, damit die Imprägnierung des Herstellers herausgewaschen wird.

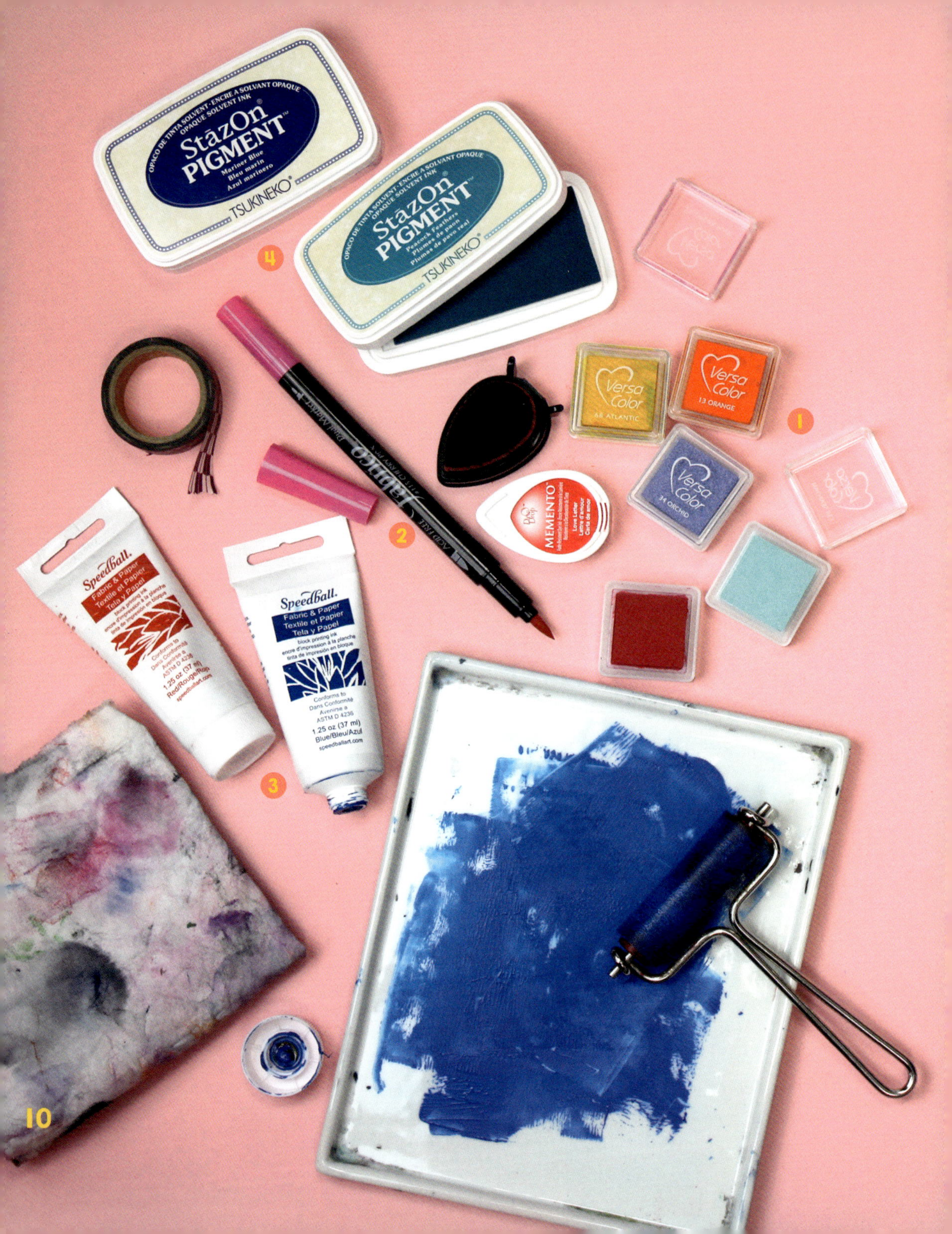
StazOn PIGMENT
OPACO DE TINTA SOLVENT · ENCRE A SOLVANT OPAQUE
OPAQUE SOLVENT INK
Mariner Blue
Bleu marin
Azul marinero
TSUKINEKO
4
StazOn PIGMENT
Peacock Feathers
Plumes de paon
Plumas de pavo real
TSUKINEKO
Versa Color
68 ATLANTIC
Versa Color
13 ORANGE
1
Versa Color
34 ORCHID
MEMENTO
Love Letter
Lettre d'amour
Carta de amor
2
Speedball.
Fabric & Paper
Textile et Papier
Tela y Papel
1.25 oz (37 ml)
Red/Rouge/Rojo
Speedball.
Fabric & Paper
Textile et Papier
Tela y Papel
block printing ink
encre d'impression à la planche
tinta de impresión en bloque
Conforms to
Dans Conformité
Avenirse a
ASTM D 4236
1.25 oz (37 ml)
Blue/Bleu/Azul
speedballart.com
3

Materialien

Farben

Für die Projekte in diesem Buch werden hauptsächlich die Stempelfarben Versa-Craft und VersaColor (1) verwendet. Für punktuelle Akzente können auch Stempelstifte (2) genutzt werden.
Für den Druck auf Stoff kannst du neben Stempelkissen auch herkömmliche Textilfarben (z. B. Marabu) oder Blockprinting-Farben (3) (z. B. Speedball) mit einer Walze auf die Steine auftragen, das bietet sich bei großen Motiven an. Nimm eine kleine Menge Farbe aus der Tube und walze die Farbe gleichmäßig auf einer Fliese oder einer Acrylglasplatte aus. Wenn der Farbauftrag gleichmäßig ist, kannst du die Bausteine einwalzen.

Stempel- und Textilfarben werden durch Bügeln fixiert. Blockprinting-Farben müssen vollständig an der Luft trocknen, bis sie wasser- und abriebfest sind. Bitte beachte genau die Anweisungen des Herstellers der Farben, die du verwendest.

Tyvek oder andere wasserabweisende Materialien bedruckst du mit den wasserfesten alkoholbasierten StazOn-Stempelfarben (4), welche nicht extra fixiert werden müssen.

Die Farbe, die versehentlich auf die Grundplatte gerät, musst du unbedingt abwischen, sonst erscheint sie ebenfalls auf dem bedruckten Material.

Sonstige Materialien

Außerdem ist es praktisch, die folgenden Werkzeuge und Hilfsmittel beim Drucken zur Hand zu haben:

- Papiertücher, Lappen oder Feuchttücher zum Abwischen überflüssiger Farbe
- Druckwalze
- eine Acrylglasplatte oder Fliese zum Auswalzen der Farbe
- eine weiche Unterlage aus dickem Filz, Moosgummi oder mehrere Lagen Zeitungspapier
- Papier für Testdrucke
- Masking Tape oder Kreppband
- Feuchttücher ohne Öl zum Reinigen der Steine nach dem Druck

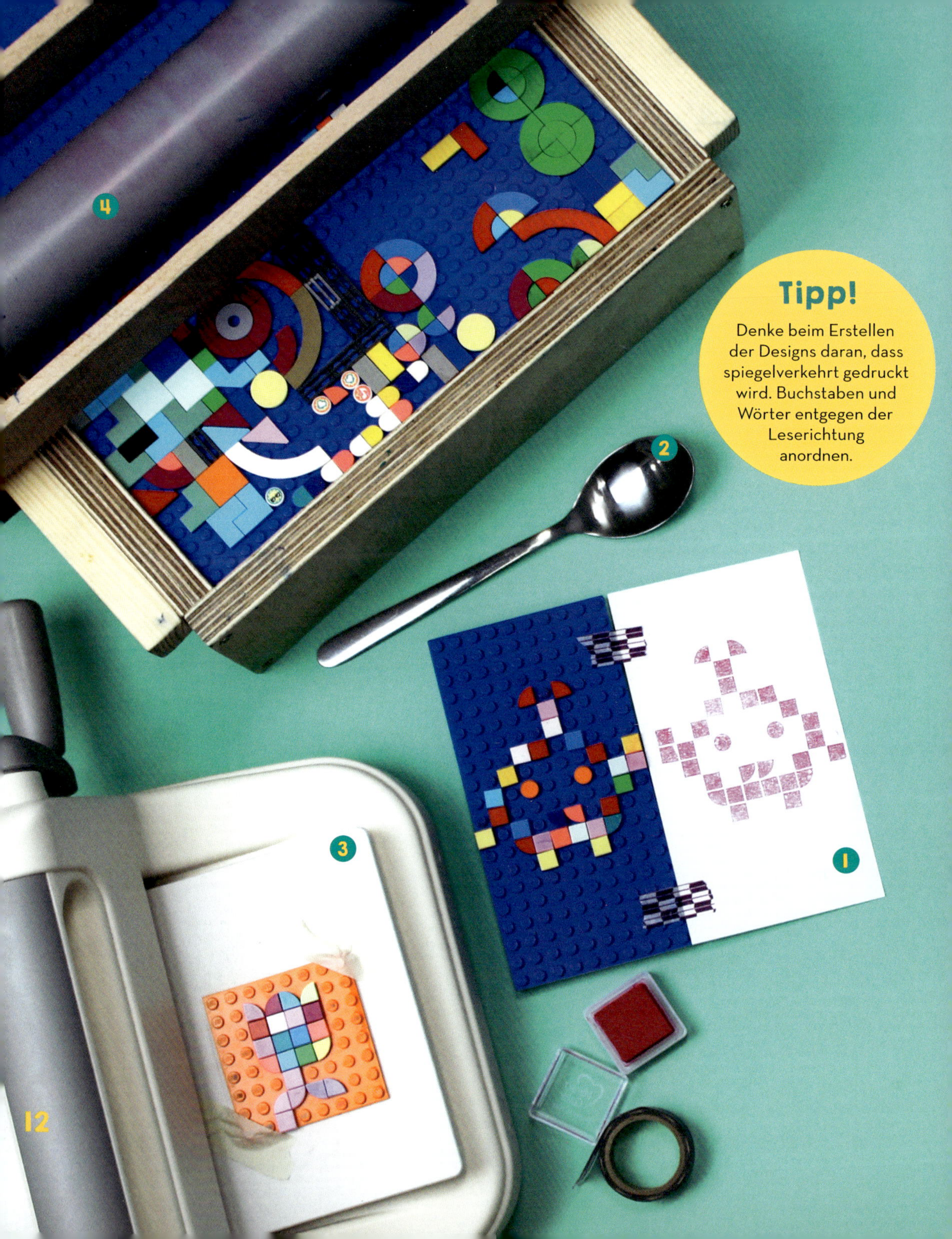

Tipp!

Denke beim Erstellen der Designs daran, dass spiegelverkehrt gedruckt wird. Buchstaben und Wörter entgegen der Leserichtung anordnen.

Drucktechniken

Einfacher einfarbiger Druck

In vielen der hier vorgestellten Projekte wird die Druckplatte von oben mit dem Stempelkissen eingefärbt und dann ähnlich wie ein Stempel kopfüber auf das Material gedruckt. Dadurch kann man schnell und unkompliziert Motive nebeneinander oder auch übereinander drucken.

Wichtig ist eine weiche Unterlage, z. B. ein dicker Filz, zwei Lagen Moosgummi oder Geschirrhandtücher.

Einfärben eines zweifarbigen Motivs

Möchtest du z. B. das Auge des Oktopus in einer anderen Farbe drucken, betupfe das Auge zuerst und wische dann die äußeren miteingefärbten Bausteine mit einem Lappen oder Feuchttuch ab. Dann den Oktopus in einer zweiten Farbe betupfen, ohne das Auge miteinzufärben.

Zwei aneinandergrenzende Muster kannst du unproblematisch in unterschiedlichen Farben einfärben, wenn du das Stempelkissen ganz gezielt führst.

Drucken mit Schablone und Anlage

Um ein Motiv genau zu positionieren, mache einen Testdruck auf Papier und schneide ihn in der Größe deiner Druckplatte aus. Du kannst ihn nun auf deinen Stoff legen, und wenn dir die Position gefällt, klebst du dir eine Anlage (Markierung) für die obere linke Ecke mit Masking Tape auf den Stoff. Ist es ein fortlaufendes Muster, reicht es auch, sich ein langes Stück MaskingTape als obere Anlage auf den Stoff zu kleben.

Prägen mit einer Druckpresse

Neben dem einfachen Stempeln (1) der Motive ist auch das Abreiben des Motivs mit der Löffelunterseite (2) möglich. Kleine Motive können mit einer Stanz- und Prägemaschiene z. B. Rayher (3) in das Papier geprägt werden. Hierfür klebt man die Platte mit den Klemmbausteinen auf die Trägerplatte der Prägemaschine und führt sie mit dem Papier durch die Presse.

Es gibt im DIY-Bereich zwei Druckpressen, die du selbst mit einem 3D-Drucker bzw. mit einem Lasercutter herstellen kannst. Die Anleitungen für diese Druckpressen sind als Vorlage zum Download verfügbar unter:

3D-gedruckte Minipresse:
https://openpressproject.com

Laser Cut Presse (4):
https://www.provisionalpress.com

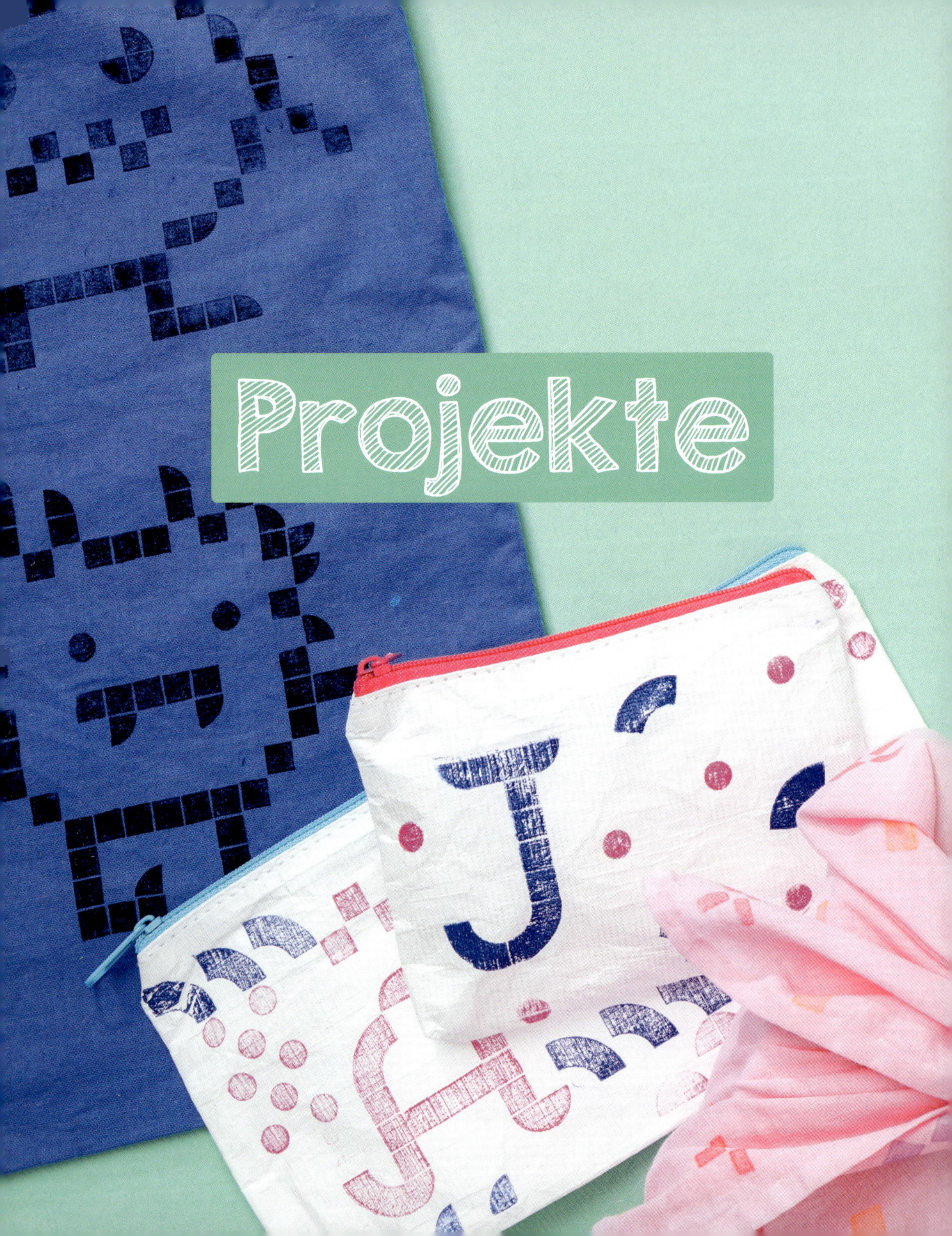

Projekte

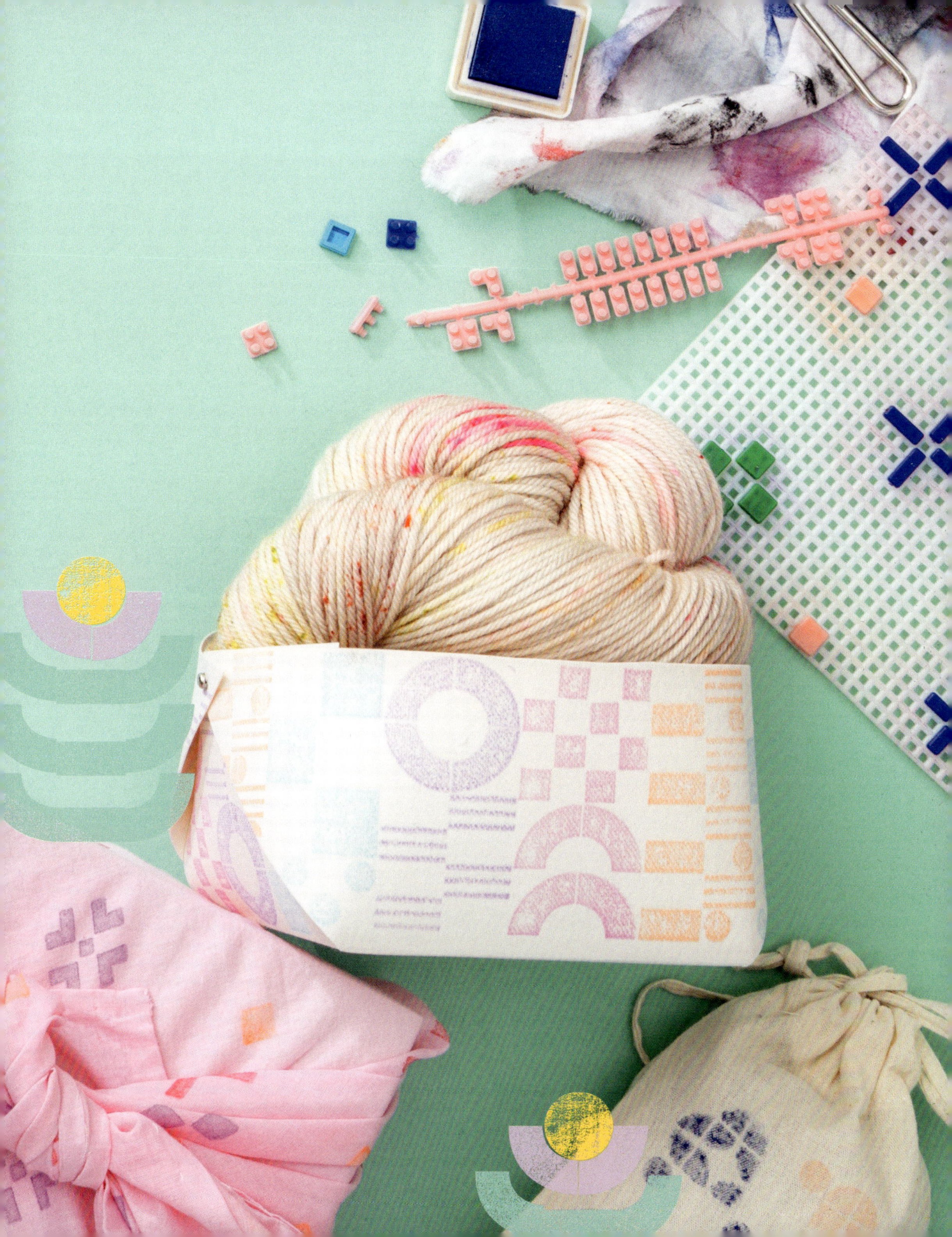

Papier
bedrucken und/oder prägen

Papier zu bedrucken ist so schön, weil es ein vielseitiges und gut verfügbares Material ist. Mit einer Stanz- und Prägemaschine kannst du ein Motiv auch fühlbar in dickeres Papier prägen.

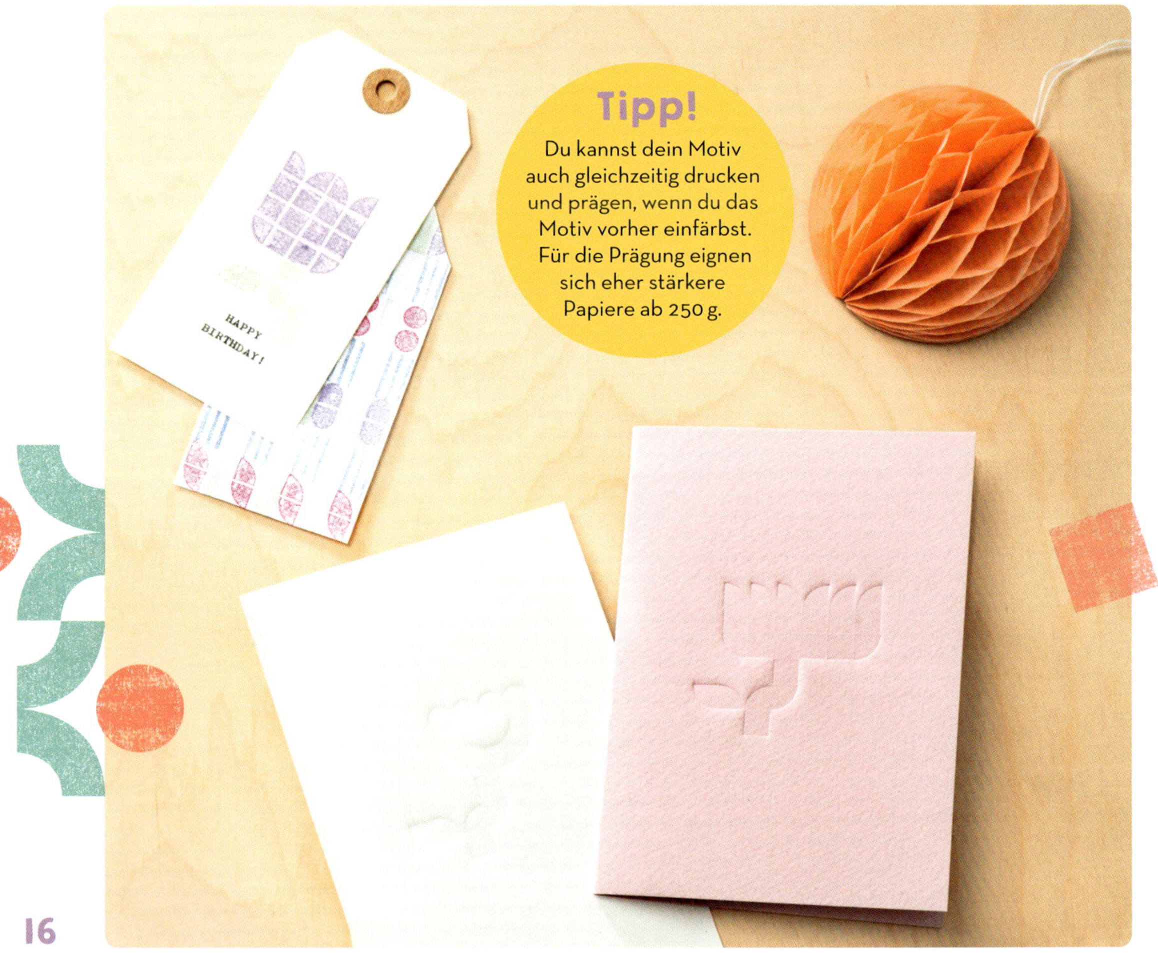

Tipp!

Du kannst dein Motiv auch gleichzeitig drucken und prägen, wenn du das Motiv vorher einfärbst. Für die Prägung eignen sich eher stärkere Papiere ab 250 g.

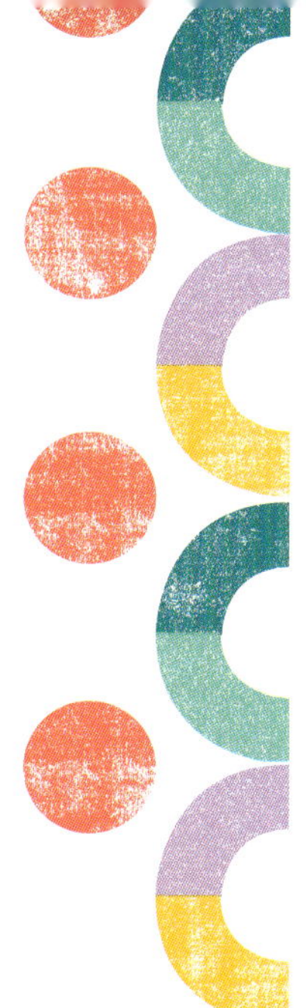

GEDRUCKT

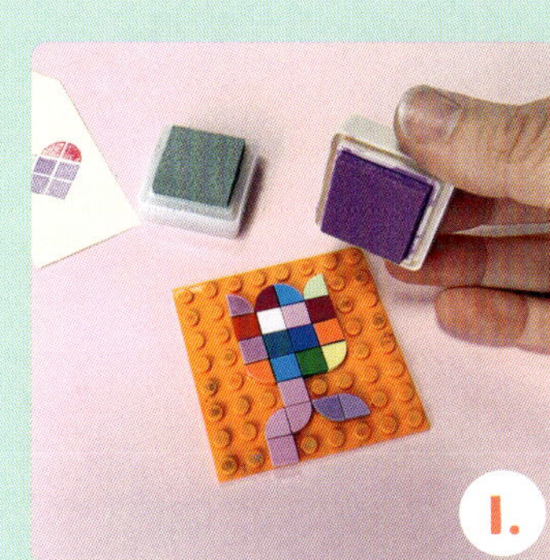

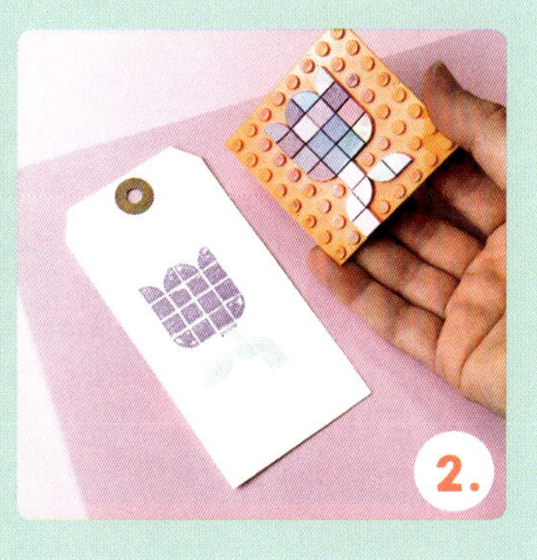

GEPRÄGT

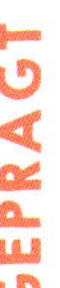

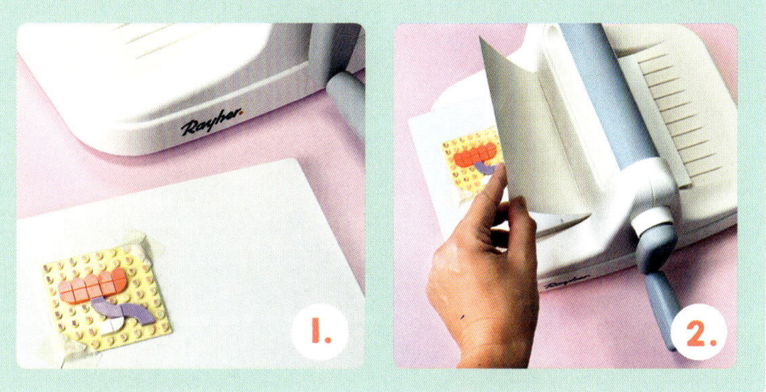

PROJEKTE

Material

Lego-Dots-Steine

Noppenplatte
8 x 8 Steckplätze

Geschenkanhänger,
blanko Grußkarten,
farbige Papiere

Stempelkissen

optional Stanz- und
Prägemaschine,
z. B. von Rayher

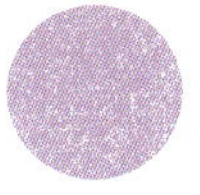

So wird's gemacht

GEDRUCKT

1. Stecke ein Motiv aus den Vorlagen auf eine Platte. Färbe mit dem Stempelkissen dein Motiv ein.
2. Lege das Papier auf eine weiche Unterlage. Drücke die Platte auf das Papier.

GEPRÄGT

1. Klebe mit Masking Tape die Noppenplatte mit Motiv auf die Trägerplatte deiner Prägemaschine.
2. Lege die Grußkarte auf die Trägerplatte. Eventuell musst du eine federnde Unterlage (siehe S. 11) hinzufügen, damit der Druck der Presse ausreichend ist. Führe beides langsam durch die Presse.

Baumwolltasche
mit Monstern

Langweilige einfarbige Baumwollbeutel zum Transport von Sportzeug, Spielsachen oder Büchern können ganz einfach monstermäßig individualisiert werden.

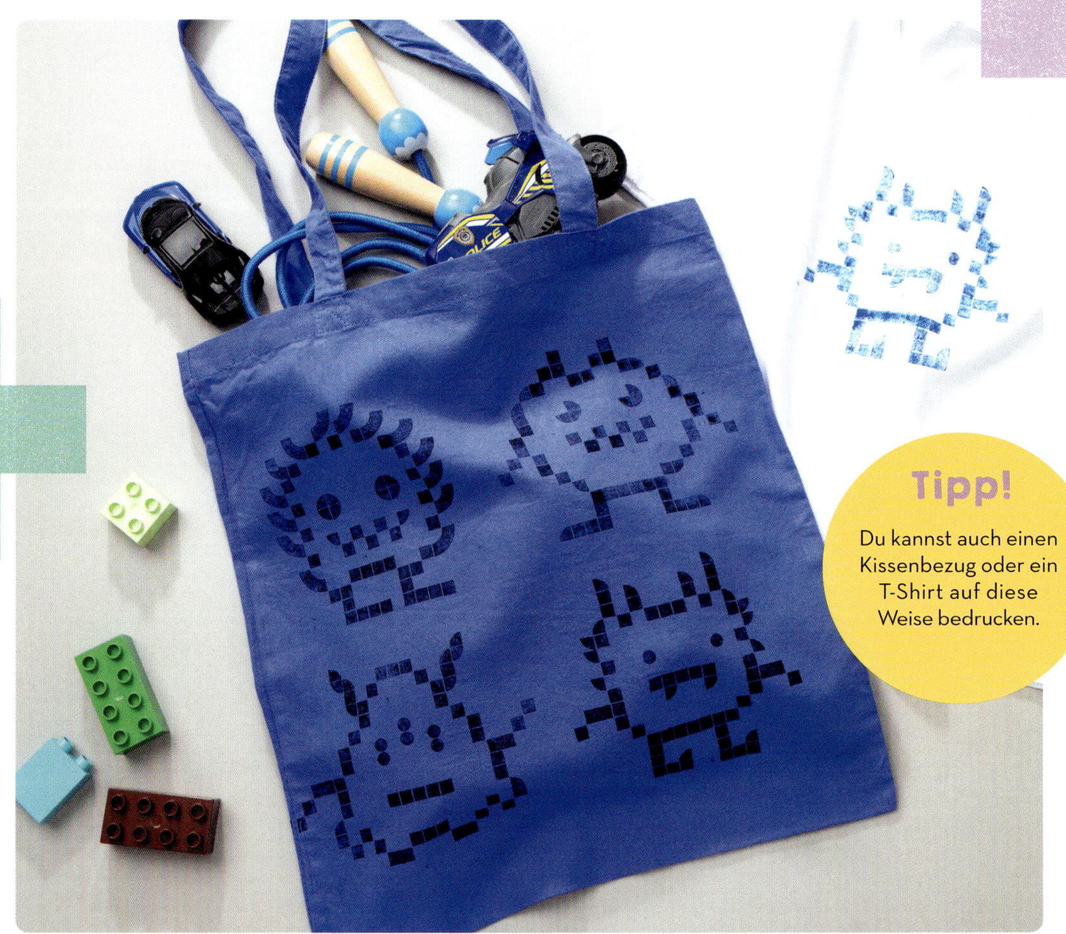

Tipp!

Du kannst auch einen Kissenbezug oder ein T-Shirt auf diese Weise bedrucken.

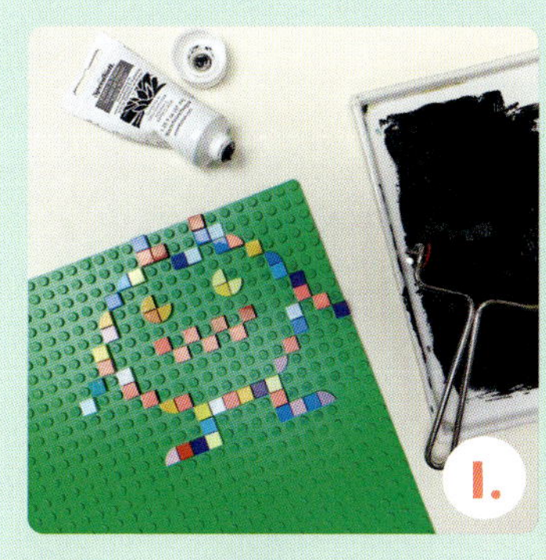

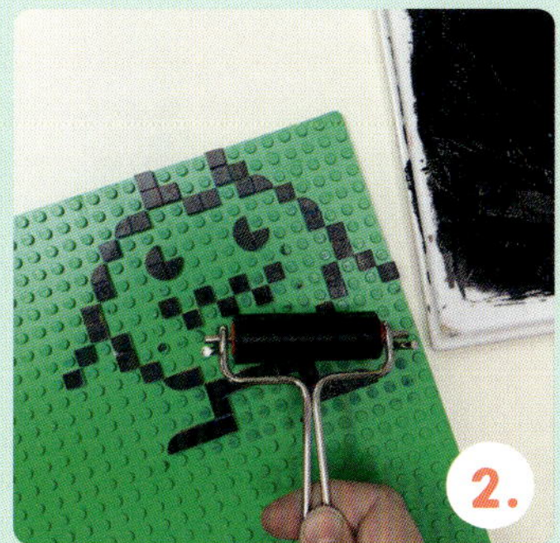

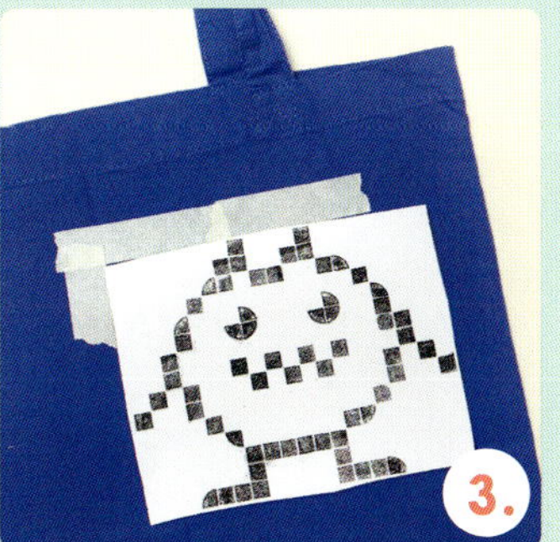

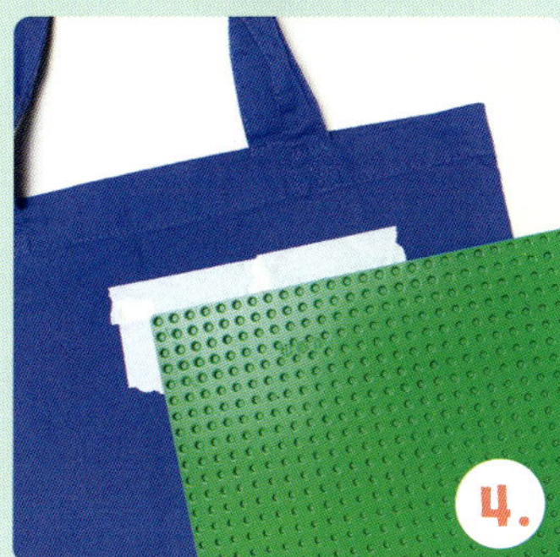

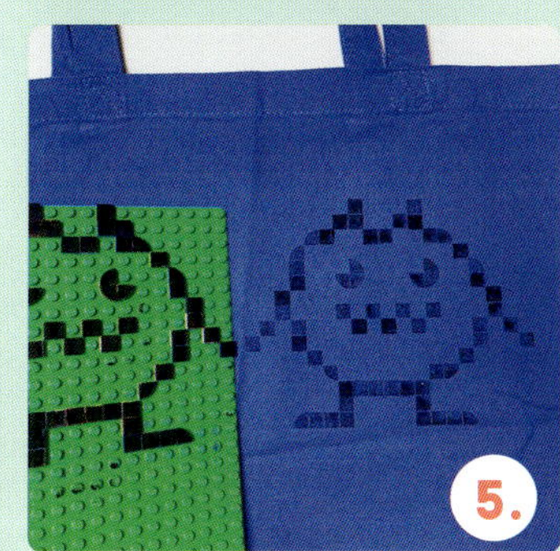

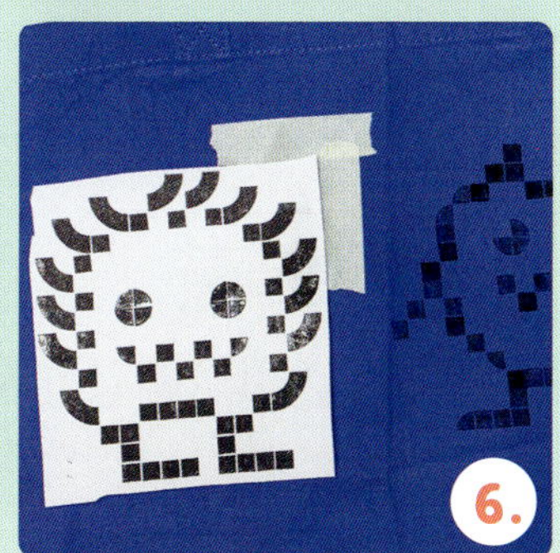

Material

Lego-Dots-Steine

Noppenplatte
32 x 32 Steckplätze

Probedruckpapier

Baumwolltasche,
z. B. 38 x 42 cm

Druckfarbe für Stoff und Papier, z. B. Speedball Blockprinting Ink

Druckwalze und Platte zum Auswalzen der Farbe

Masking Tape

So wird's gemacht

1. Stecke ein Monster auf eine Platte, positioniere es am besten am Rand der Platte. Walze durch Vor- und Zurückbewegen etwas Druckfarbe aus, bis die Farbe gleichmäßig verteilt ist.
2. Bringe die Farbe auf das Monster.
3. Drucke es erst einmal auf Papier. Positioniere den Testdruck auf der Tasche und markiere die obere Ecke auf dem Stoff. Das ist deine Anlage. Lege eine weiche Unterlage unter die Tasche und stecke ein Papier als Schutz innen hinein, damit die Farbe nicht durchfärbt.
4. Färbe das Monster erneut mit der Druckwalze ein und drucke es dann auf die Tasche, indem du die Platte an deiner Anlage positionierst.
5. Reibe über die Platte zum Übertragen der Farbe.
6. Wiederhole für das nächste Monster die Schritte 1–5. Beachte die Herstellerangaben zur Fixierung der Farbe.

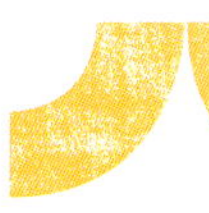

Tyvek-Mäppchen
mit Monogramm

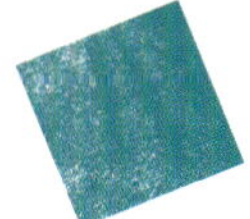

So ein Monogramm-Mäppchen aus superleichtem Tyvek eignet sich nicht nur für Schreibmaterialien, sondern auch für Kosmetik, da das Material und die StazOn-Stempelfarbe wasserfest sind.

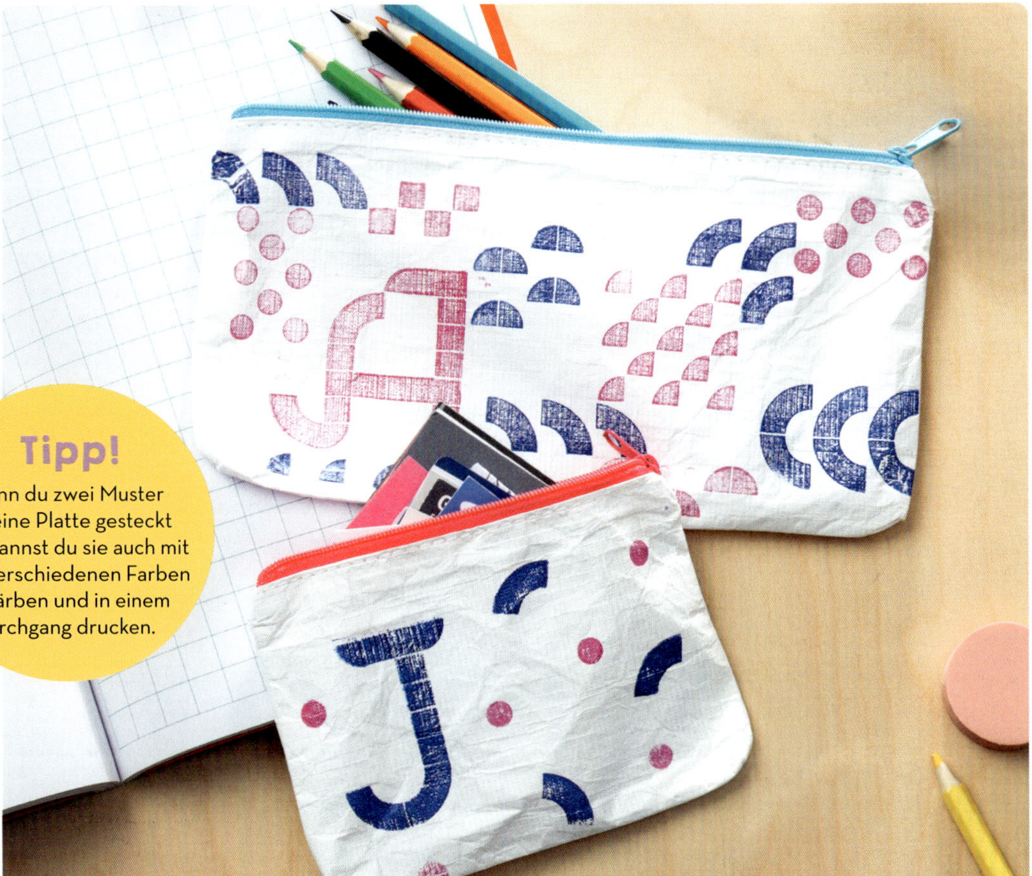

Tipp!

Wenn du zwei Muster auf eine Platte gesteckt hast, kannst du sie auch mit zwei verschiedenen Farben einfärben und in einem Durchgang drucken.

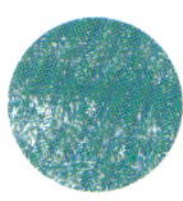

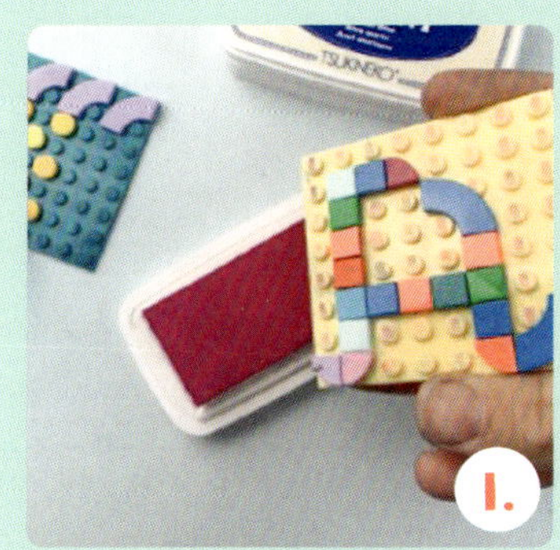

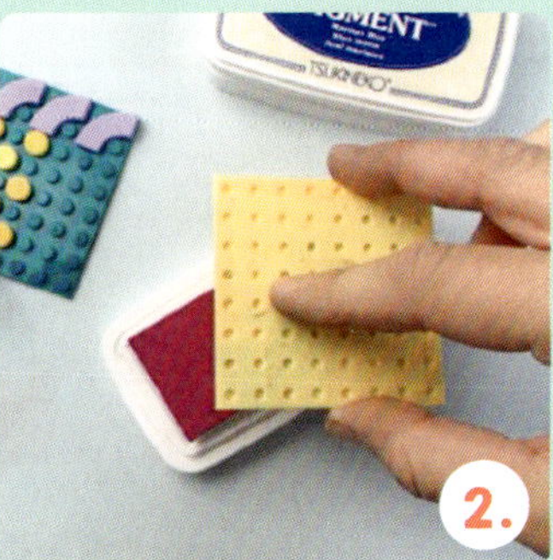

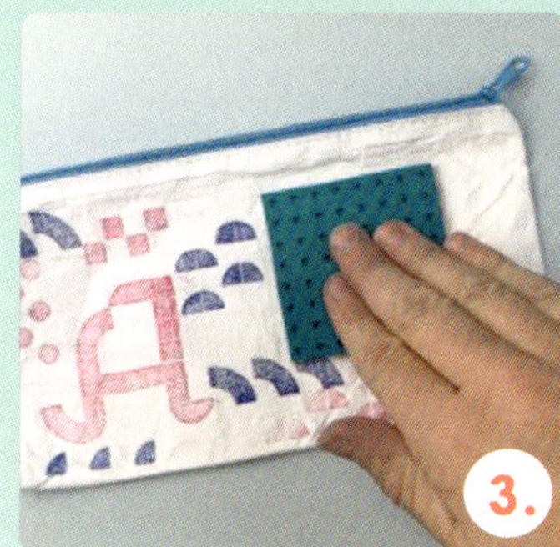

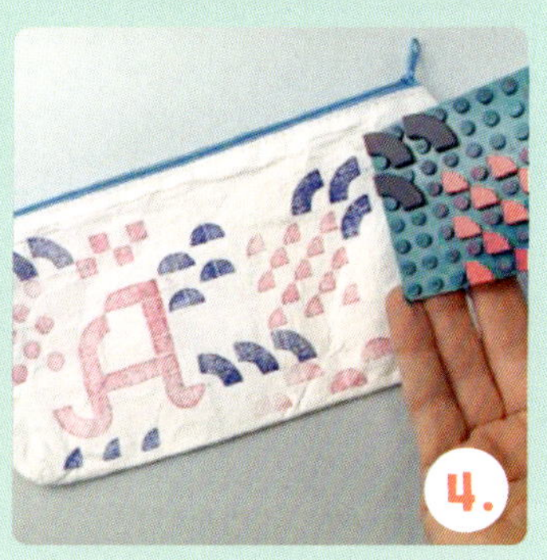

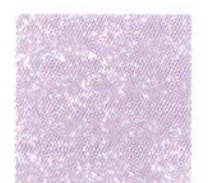

Material

Lego-Dots Steine

Noppenplatte(n)
8 x 8 Steckplätze

Probedruckpapier

Tyvek-Mäppchen

StazOn-Stempelkissen

StazOn-Cleaner

So wird's gemacht

1. Wähle einen Buchstaben sowie mehrere geometrische Muster aus den Vorlagen aus und stecke die Muster auf einzelne Platten. Mache Testdrucke auf Papier, damit du weißt, wie du die Muster kombinieren kannst. Wenn du zufrieden bist, kann es losgehen.
2. Lege das Mäppchen auf eine weiche Unterlage. Färbe deinen Buchstaben mit StazOn-Stempelfarbe ein und drucke ihn auf das Tyvek-Mäppchen.
3. Drucke dann die Muster um den Buchstaben herum.
4. Reinige deine Klemmbausteine mit dem speziellen Reiniger für die StazOn-Stempelfarben, da die Farbe nur damit wieder entfernt werden kann.

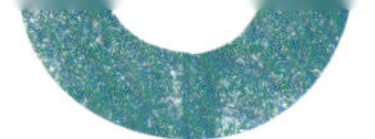

Furoshiki
mit Rapportdruck

Ein Furoshiki ist ein Tuch, das traditionell in Japan als Verpackung benutzt wird. Das Geschenk wird in das Tuch gewickelt und mit einem Knoten versehen. Es gibt verschiedene Wickeltechniken, die von der Größe des Tuchs und des Geschenks abhängen.

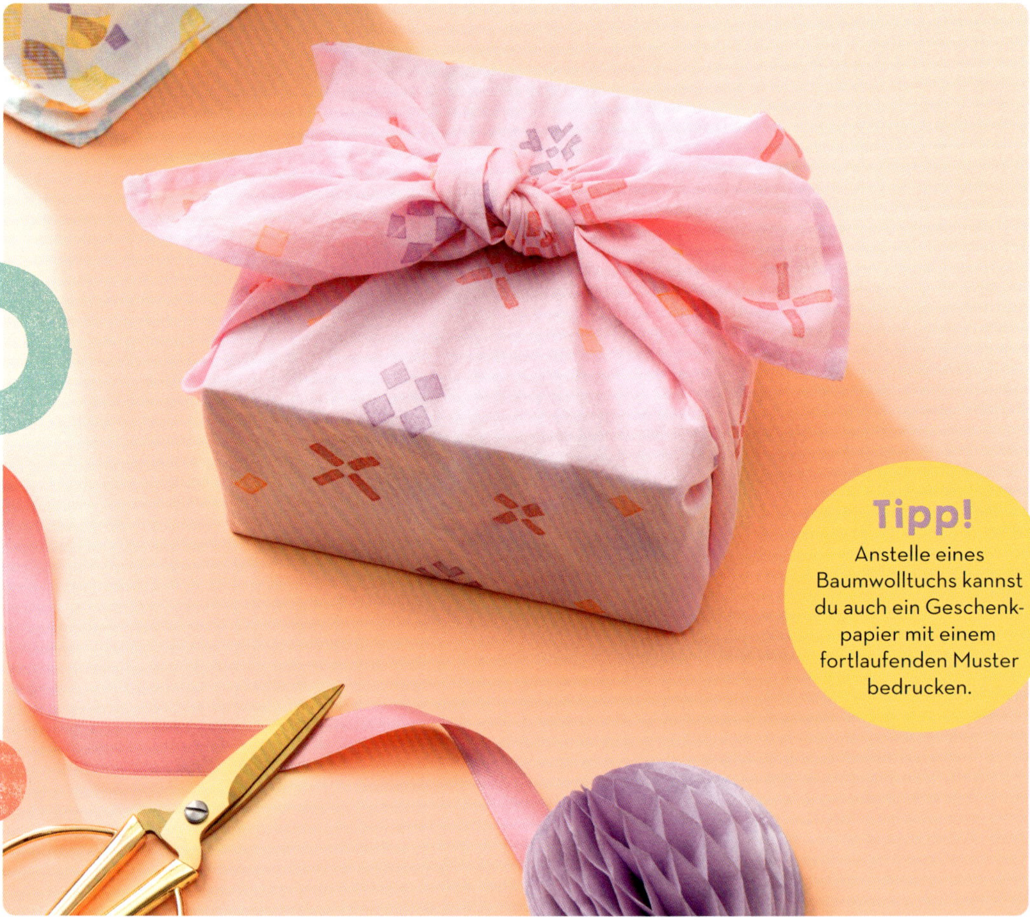

Tipp!
Anstelle eines Baumwolltuchs kannst du auch ein Geschenkpapier mit einem fortlaufenden Muster bedrucken.

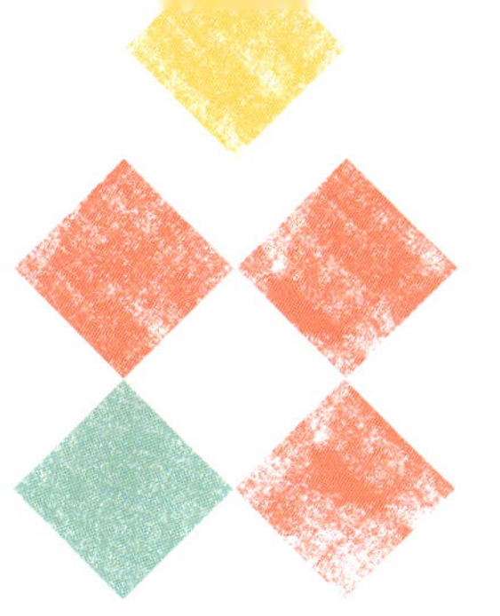

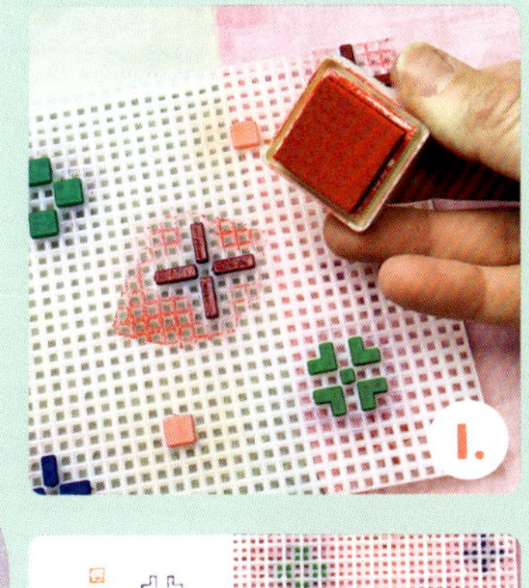

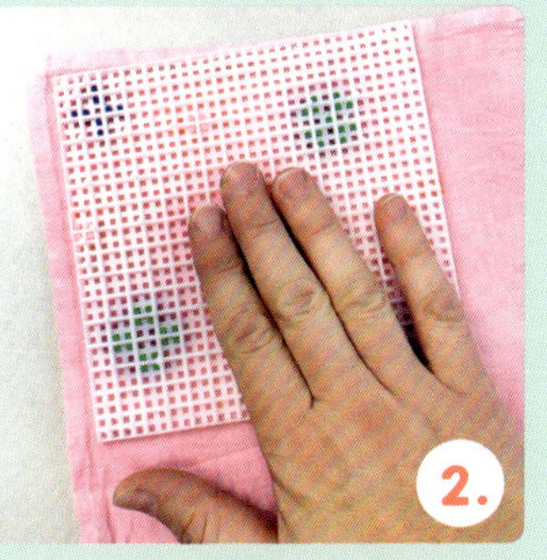

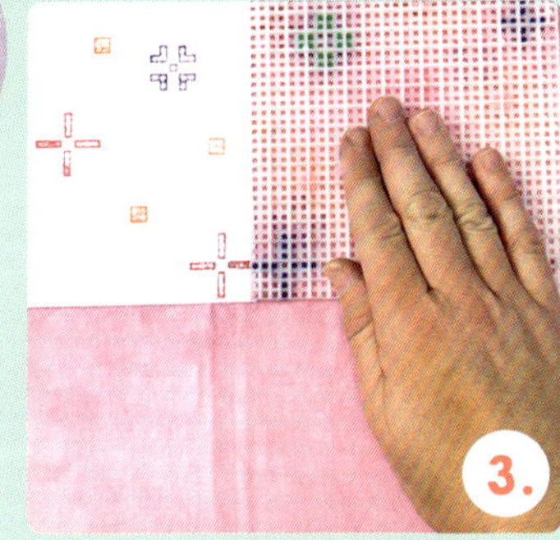

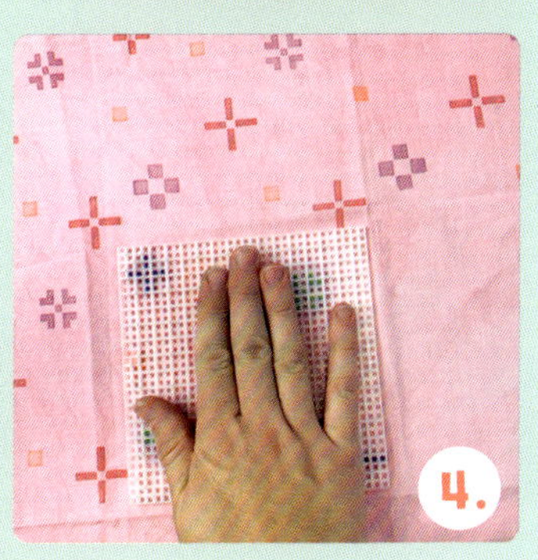

Material

Ministeck-Steine

Ministeck-Platte
13,1 x 13,1 cm

Probedruckpapier

Baumwolltuch
z. B. 60 x 60 cm

Stempelkissen in
verschiedenen Farben

So wird's gemacht

1. Stecke ein Muster für einen Rapport mit den Ministeck-Bausteinen auf die Platte und färbe es mit unterschiedlichen Farben ein. Wische überflüssige Stempelfarbe unbedingt von der Platte ab.
2. Lege eine weiche Unterlage unter den Stoff. Starte in der linken Ecke und drucke das Muster auf das Tuch.
3. Drucke das Muster auch auf Papier und schneide es in Originalgröße der Platte aus. Lege das Papier nun auf deinen bedruckten Stoff, um zu erkennen, wo der nächste Druck positioniert werden muss.
4. Drucke die Muster nacheinander auf das Tuch. Hier passt die Minsteck-Platte jeweils 4 Mal neben- und untereinander.

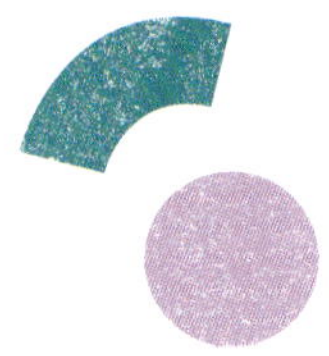

SnapPap-Utensilo
mit Muster

So ein buntes Utensilo aus dem Tausendsassa SnapPap ist nicht nur hübsch und schnell gebastelt, es ist auch weicher als aus Pappe und trotzdem so stabil, dass es einen guten Stand hat.

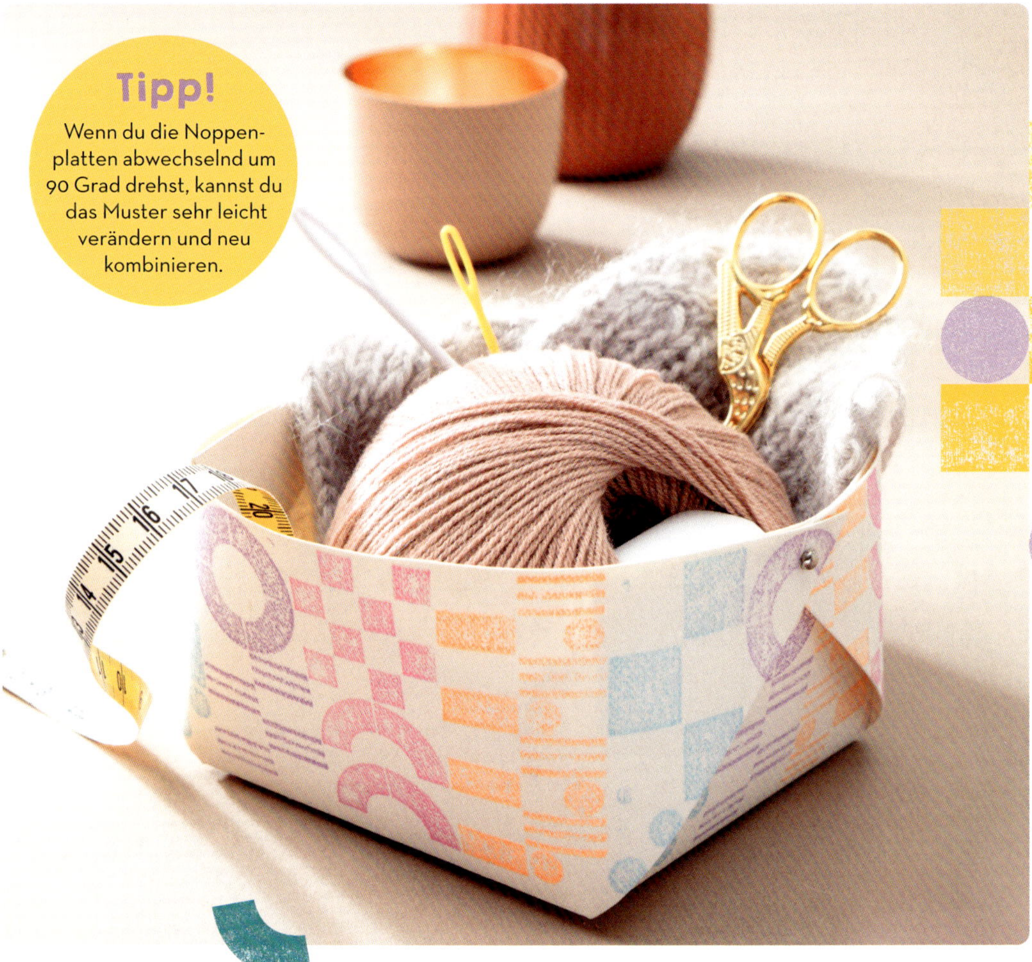

Tipp!

Wenn du die Noppenplatten abwechselnd um 90 Grad drehst, kannst du das Muster sehr leicht verändern und neu kombinieren.

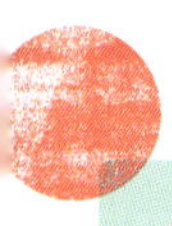

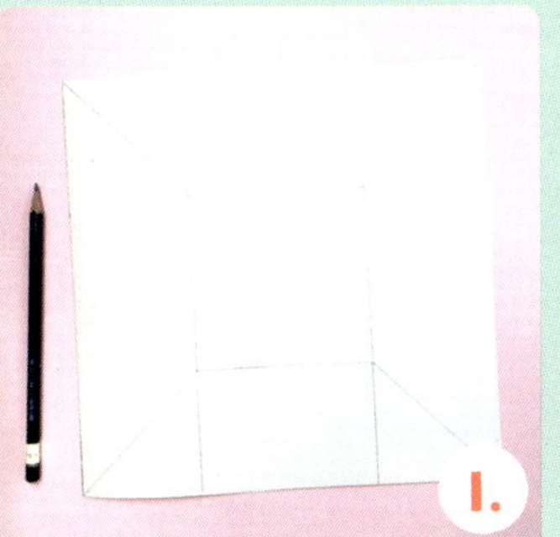

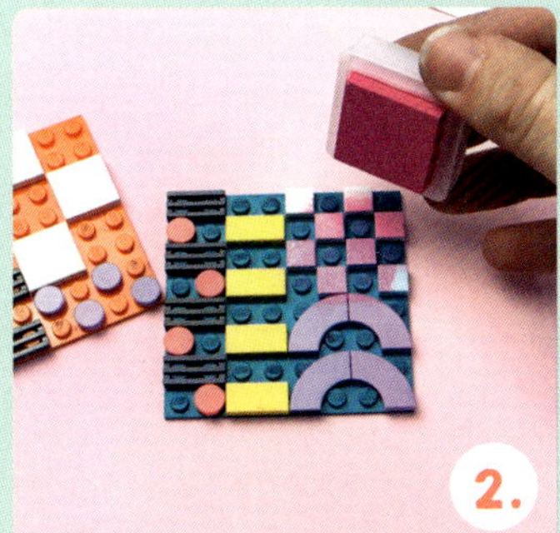

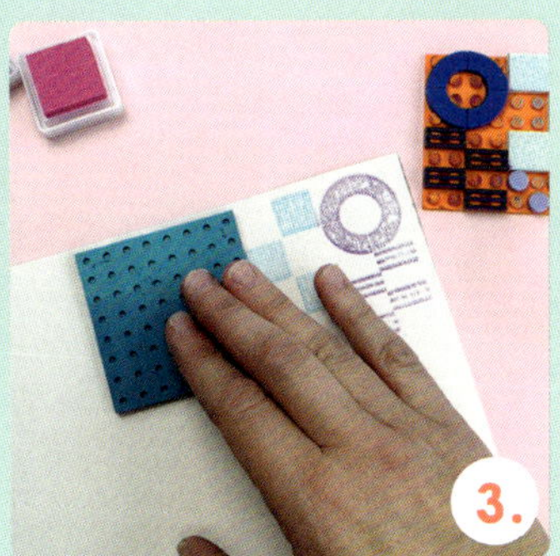

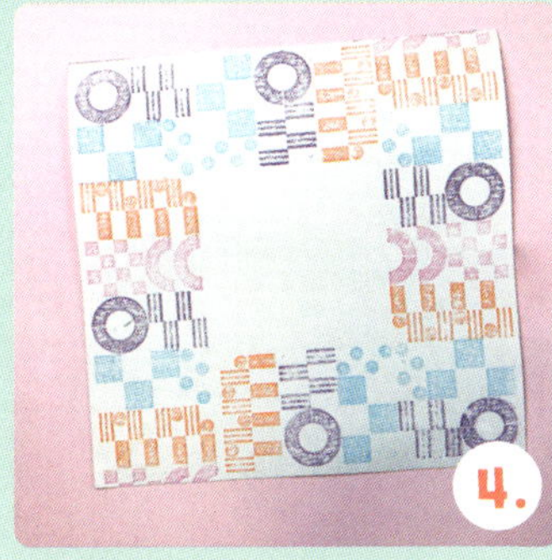

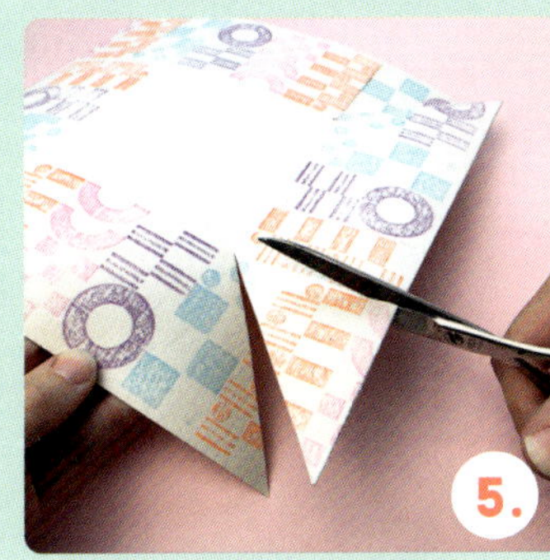

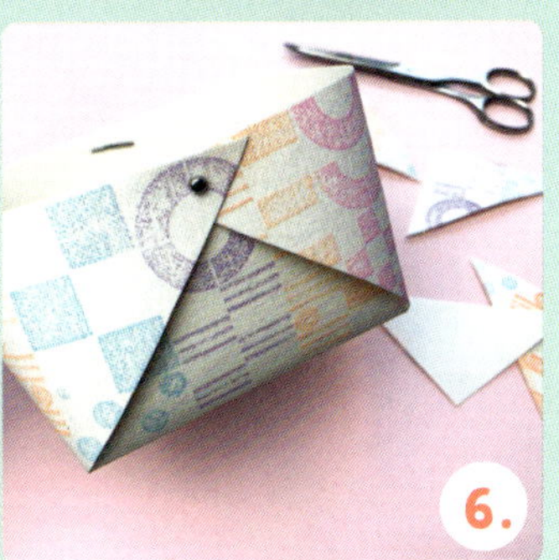

Material

SnapPap

Schere, Lineal, Bleistift

Lego-Dots-Steine

Noppenlatte(n)
8 x 8 Steckplätze

Stempelkissen

Musterklammer

So wird's gemacht

1. Schneide aus SnapPap ein Quadrat mit 24 cm Kantenlänge aus. Zeichne mit einem Abstand von 7 cm zum Rand die Falz- und Schneidelinien an. Drehe das SnapPap um und lege es auf eine weiche Unterlage.
2. Stecke unterschiedliche geometrische Muster auf zwei verschiedene Platten. Färbe die Muster mit zwei verschiedenfarbigen Stempelkissen ein.
3. Drucke sie abwechselnd auf den umlaufenden Rand des Quadrats.
4. Lass die Farbe vor der Weiterverarbeitung trocknen.
5. Schneide die Ecken entsprechend der Hilfslinien ein.
6. Falte die Seiten des Utensilos nach oben und stecke eine Musterklammer durch die Spitzen der Ecken.

Plakat
mit zwei Druckgängen

Durch geschicktes Zerlegen eines größeren Schriftzuges kann ein sehr schönes buntes Typo-Poster in nur zwei Druckgängen hergestellt werden.

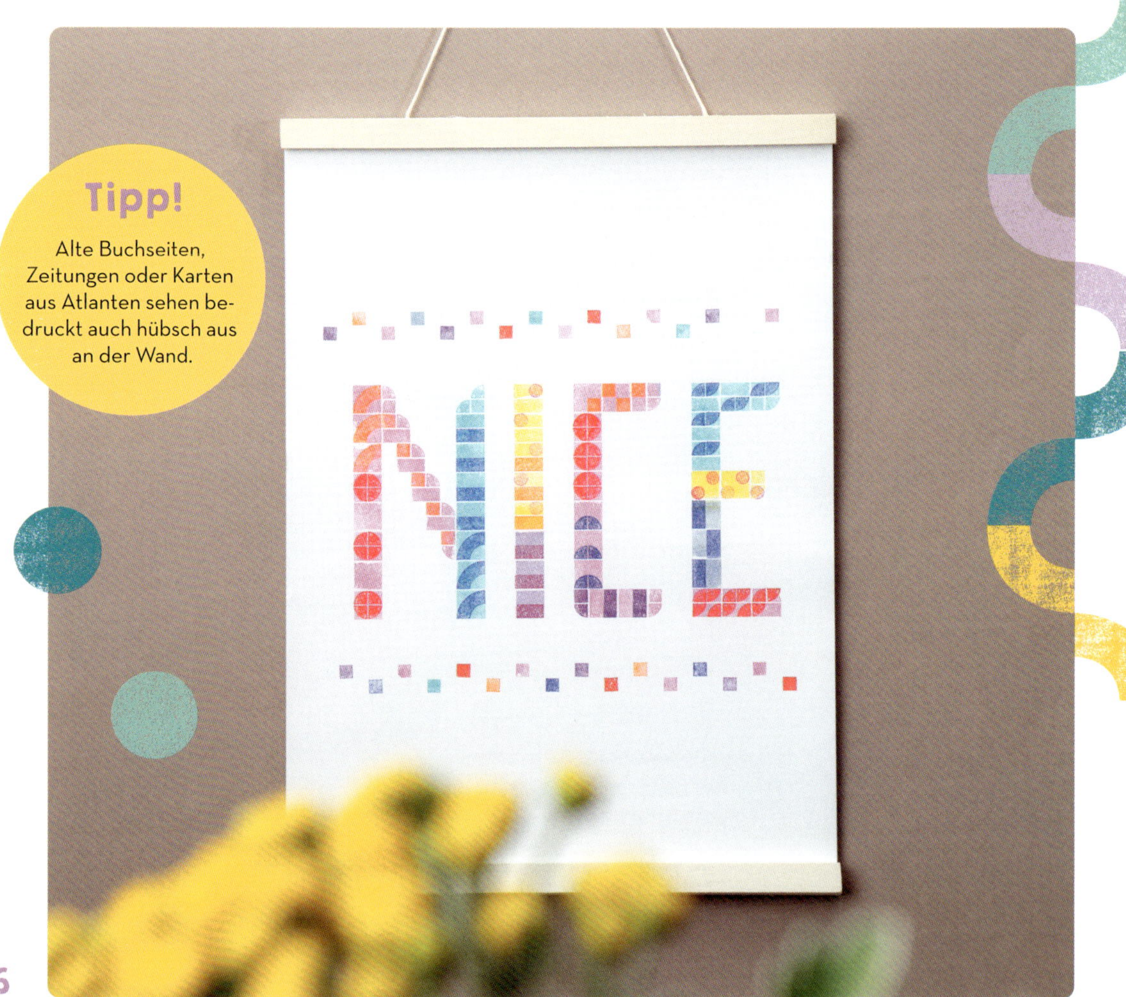

Tipp!

Alte Buchseiten, Zeitungen oder Karten aus Atlanten sehen bedruckt auch hübsch aus an der Wand.

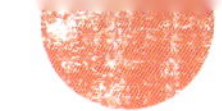

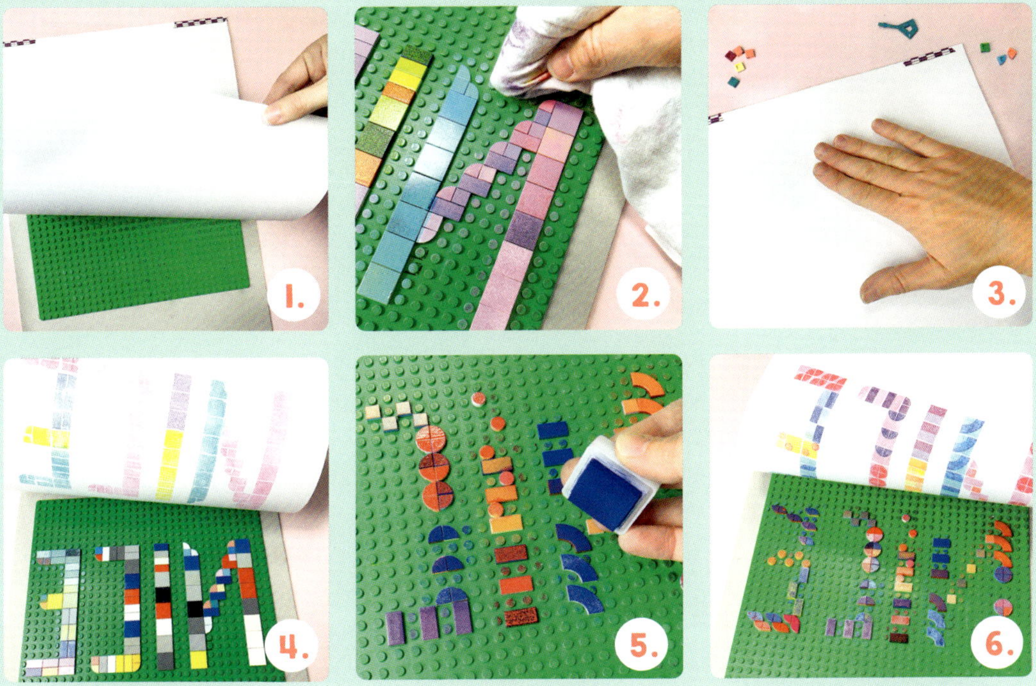

1. 2. 3. 4. 5. 6.

Material

Zeichenpapier und Rückseite eines Zeichenblocks in DIN A3

Masking Tape

Noppenplatte groß

Lego-Dots-Steine

Stempelkissen in verschiedenen Farben

So wird's gemacht

1. Um passgenau zu drucken, klebst du die Noppenplatte mittig auf die Rückseite eines Zeichenblocks. Befestige ein leeres Blatt mit Masking Tape an der oberen Kante, damit ohne Positionsänderung gedruckt werden kann.
2. Stecke den Schriftzug nach der Vorlage für den ersten Druckgang mittig auf die Noppenplatte und färbe die Steine mit unterschiedlichen Stempelfarben ein.
3. Senke das Papier, richte es passgenau an der Unterkante der Schablone aus und drucke das Motiv, indem du mit der Hand über die Rückseite des Papiers fährst.
4. Klappe den Druck hoch, ohne ihn von der Schablone zu lösen.
5. Stecke nun die Steine für den zweiten Durchgang auf und entferne überflüssige Stempelfarbe.
6. Senke dein Papier wieder und wiederhole den Druckvorgang von Schritt 3.

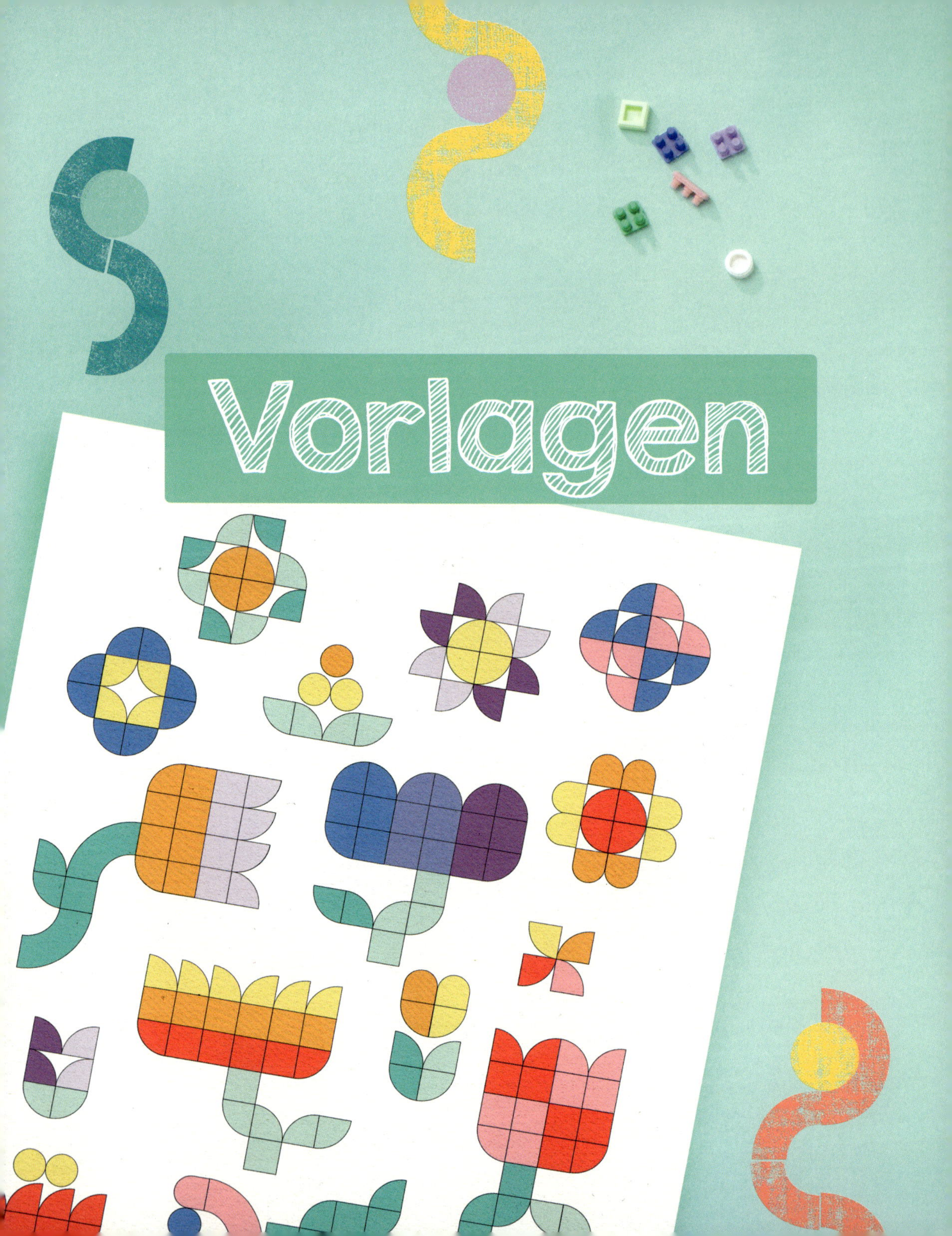
Vorlagen

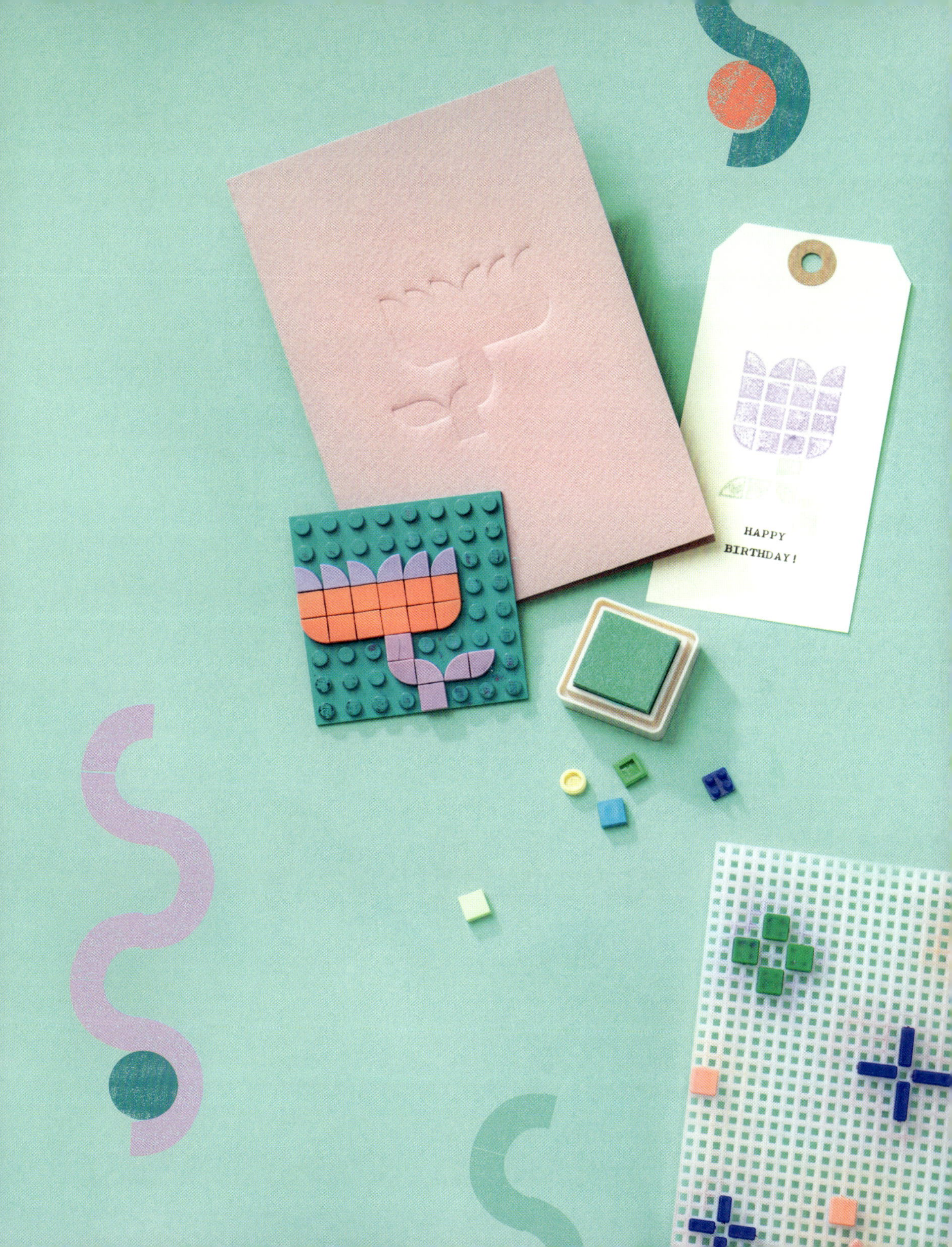
HAPPY
BIRTHDAY!

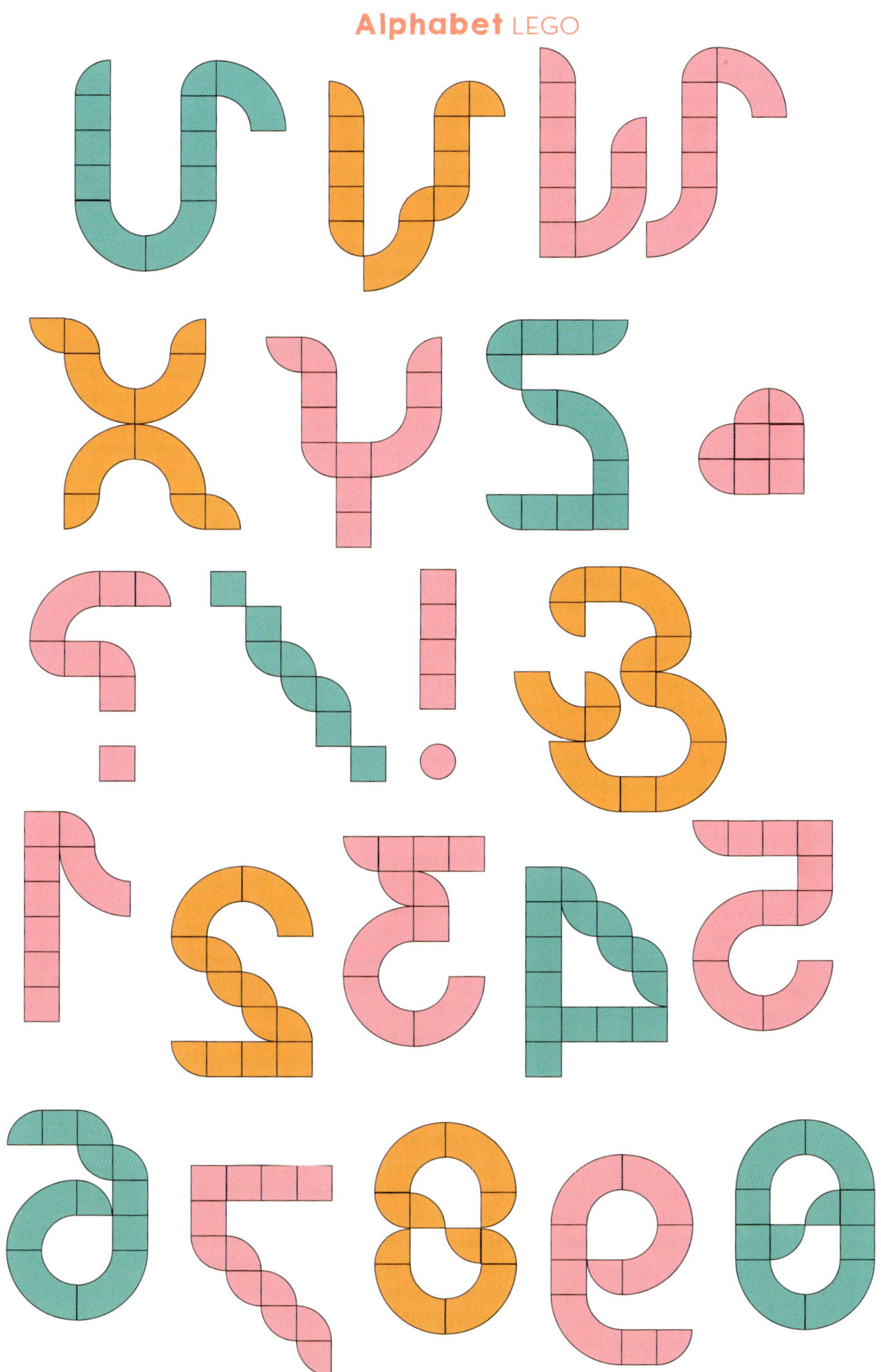

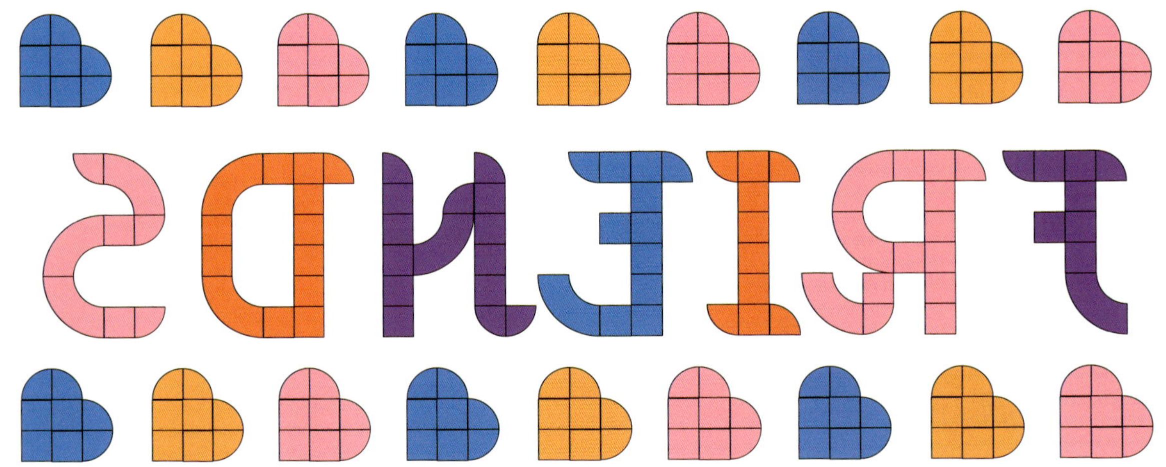

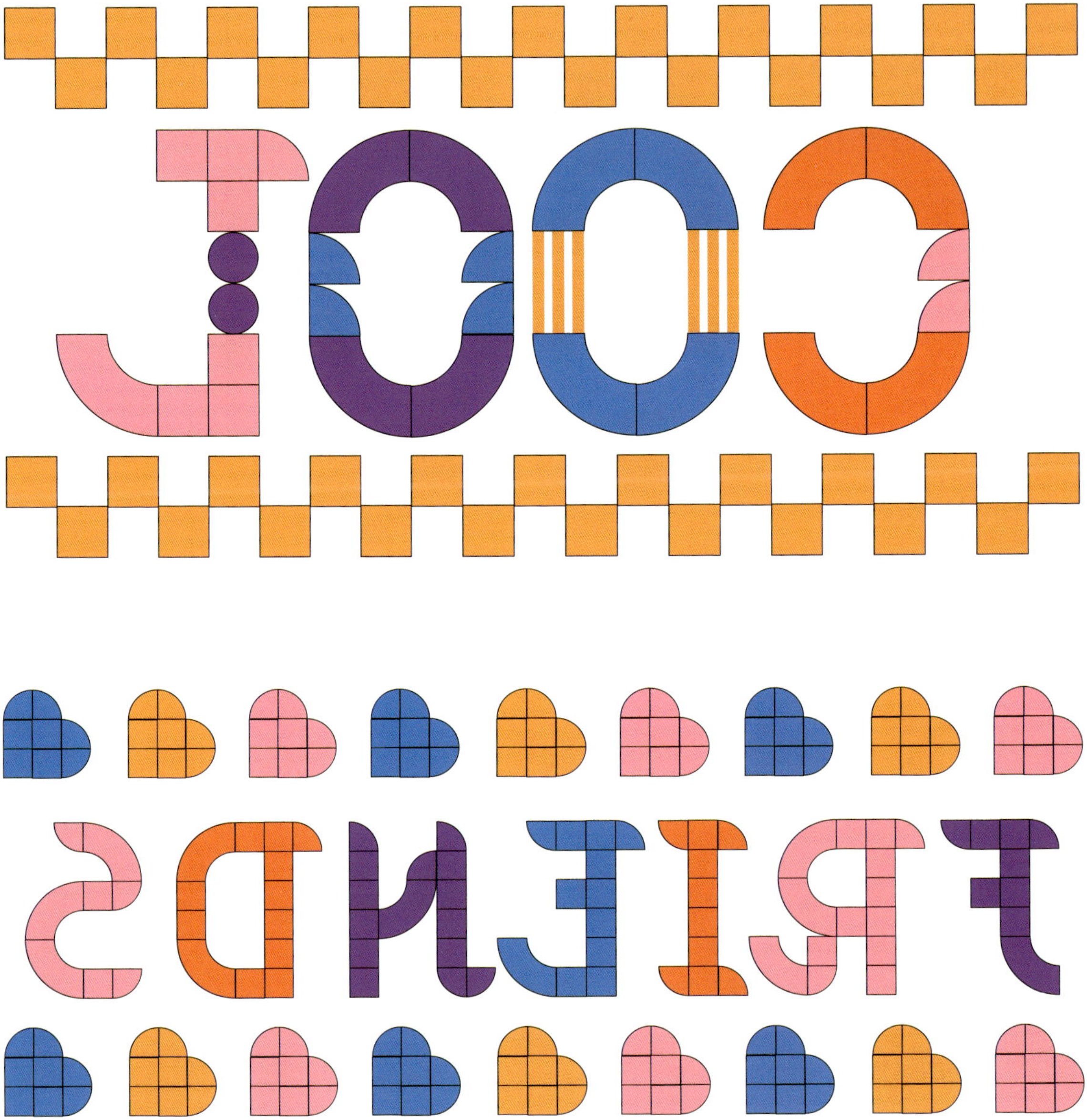

Projekt: *"SnapPap-Utensilo mit Muster"* Seite 24-25

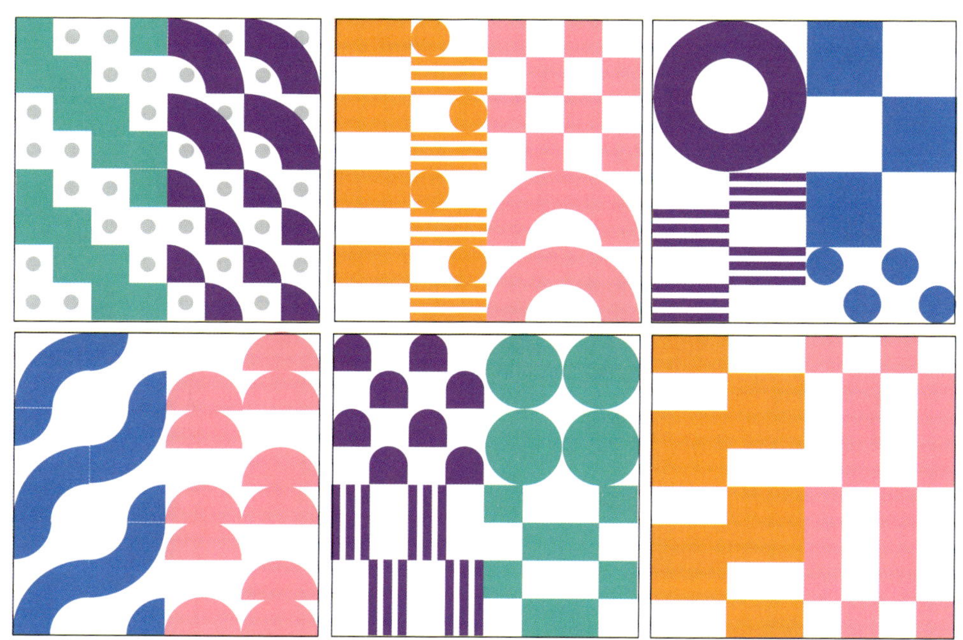

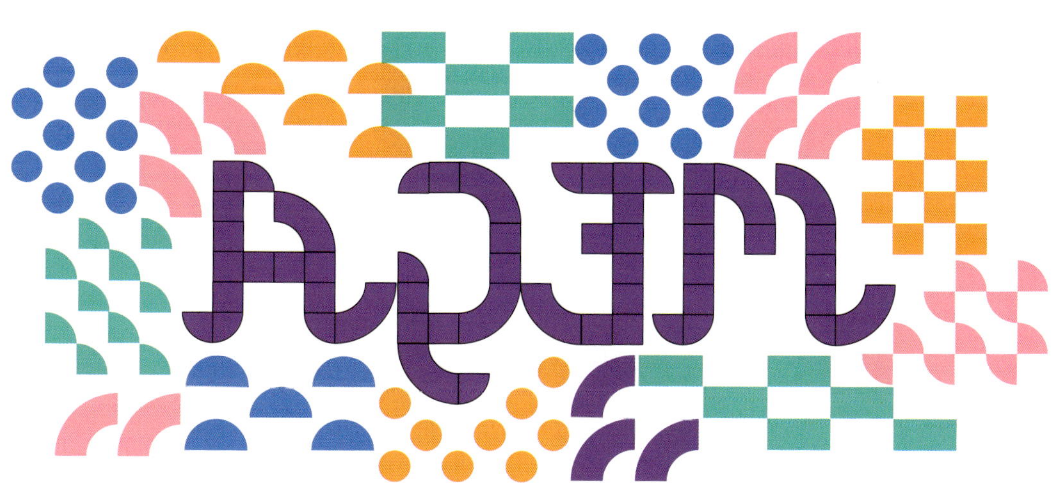

Plakat LEGO

Projekt: *"Plakat mit zwei Druckgängen"* Seite 26-27

1 Druckvorlage für den ersten Druckgang

2 Druckvorlage für den zweiten Druckgang – über den ersten Druck drucken

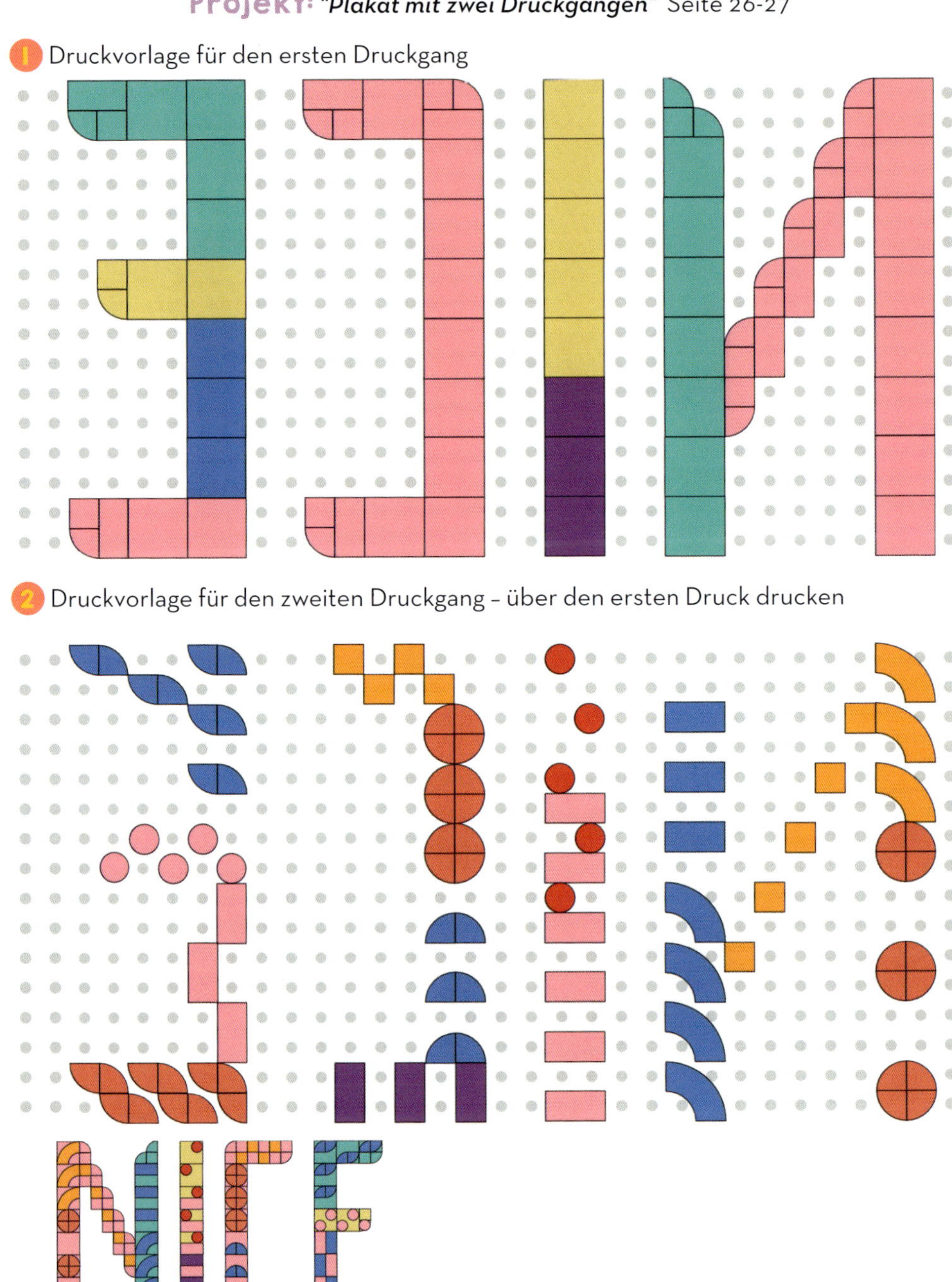

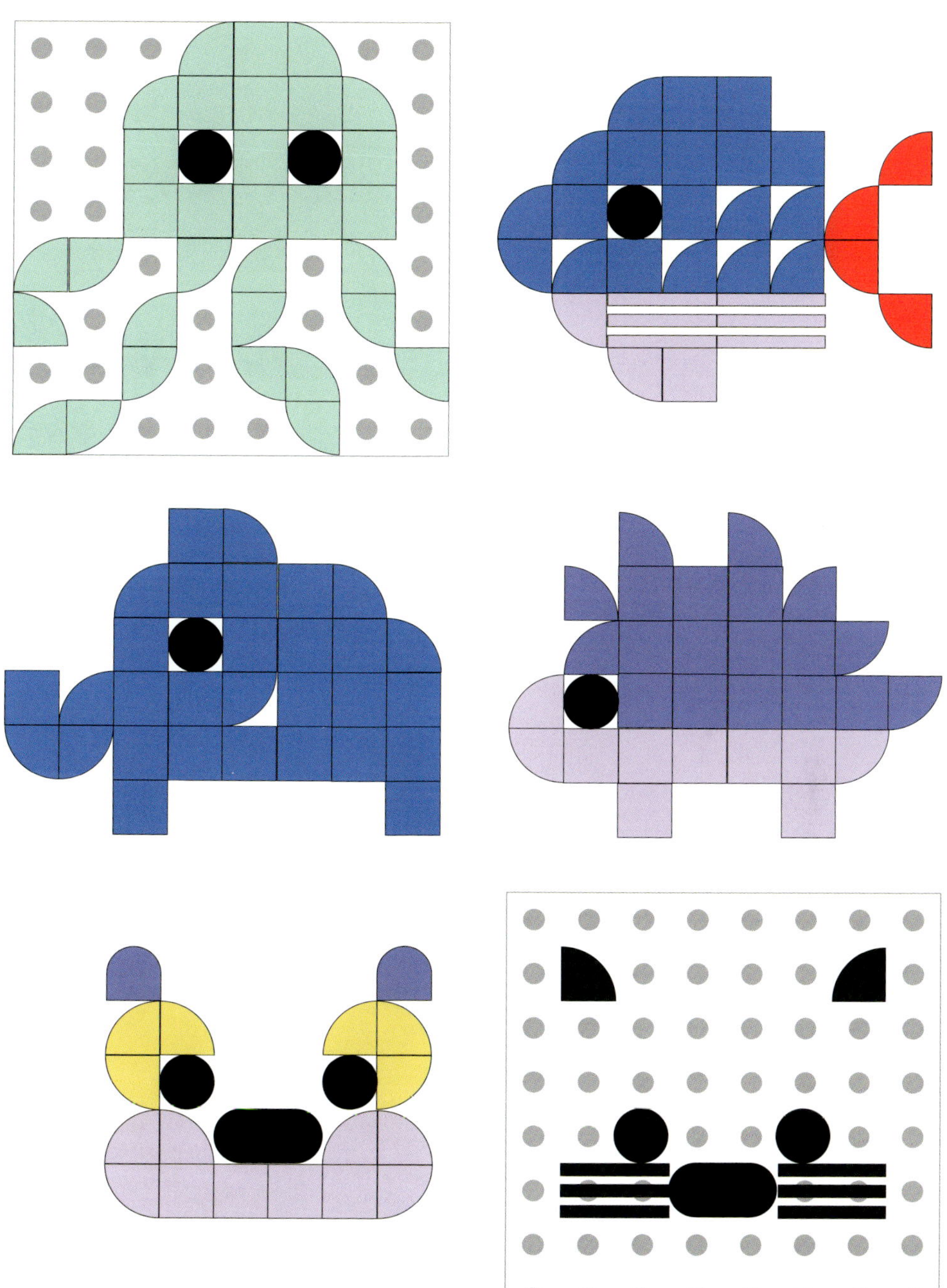

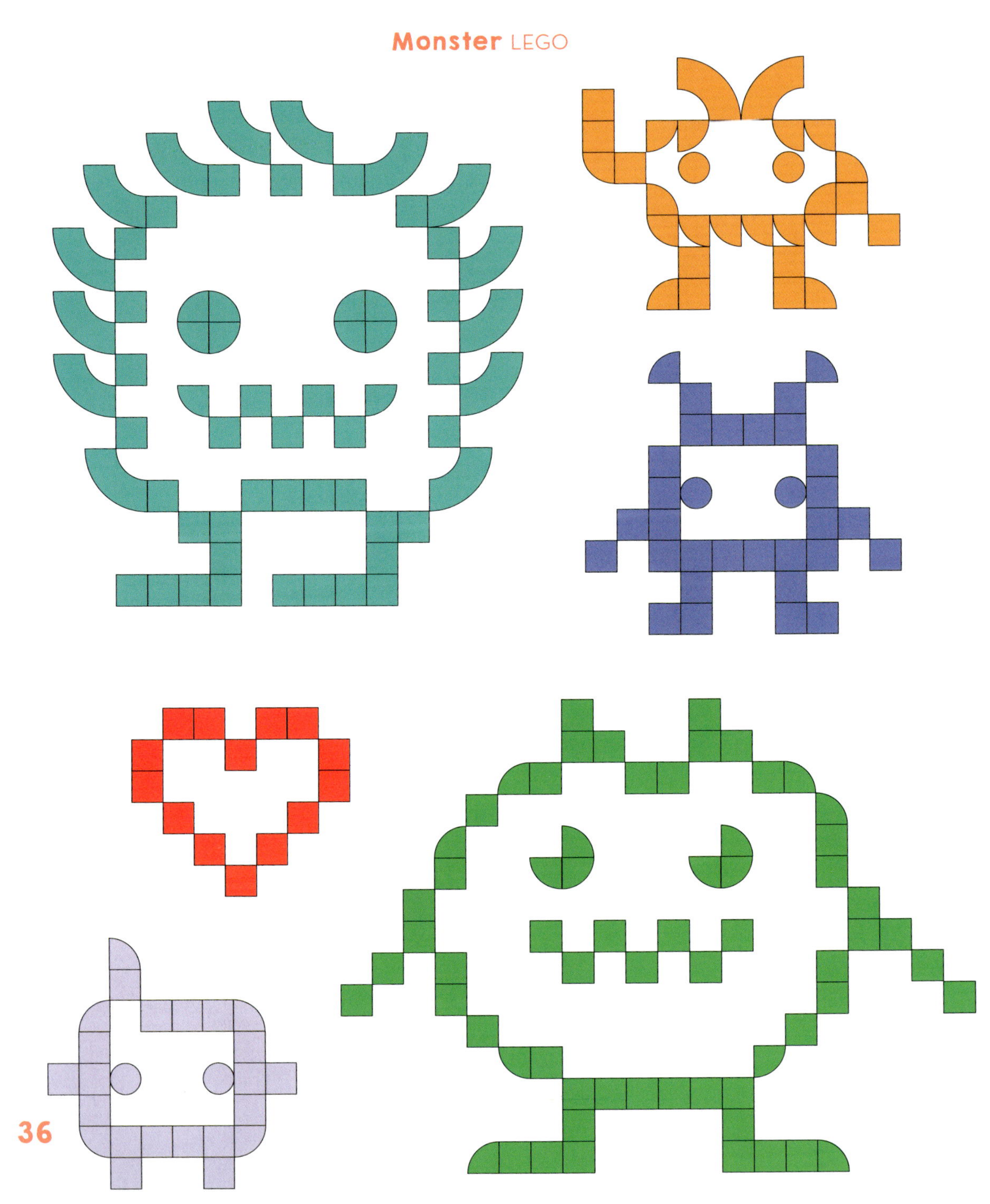

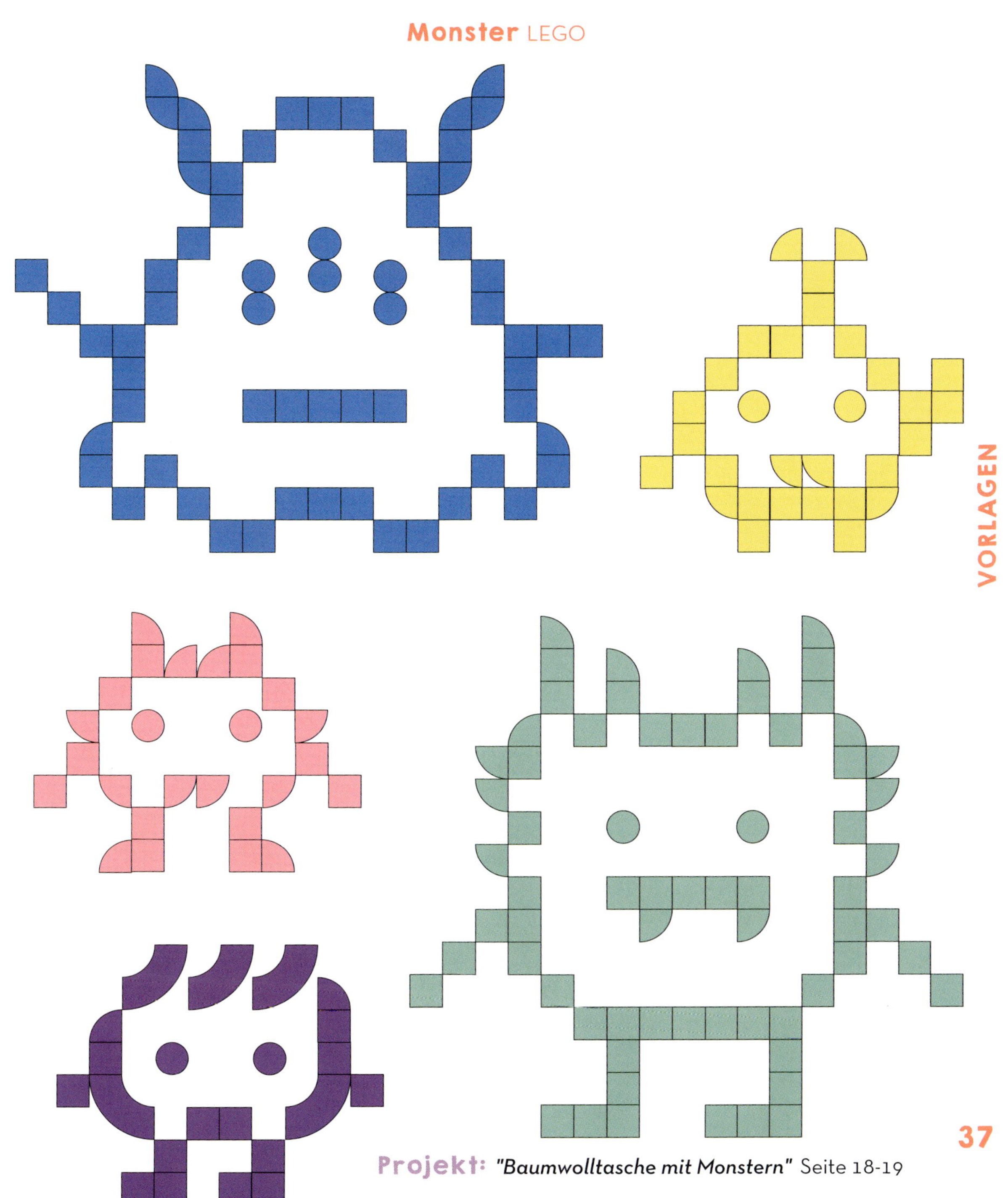

Projekt: *"Baumwolltasche mit Monstern"* Seite 18-19

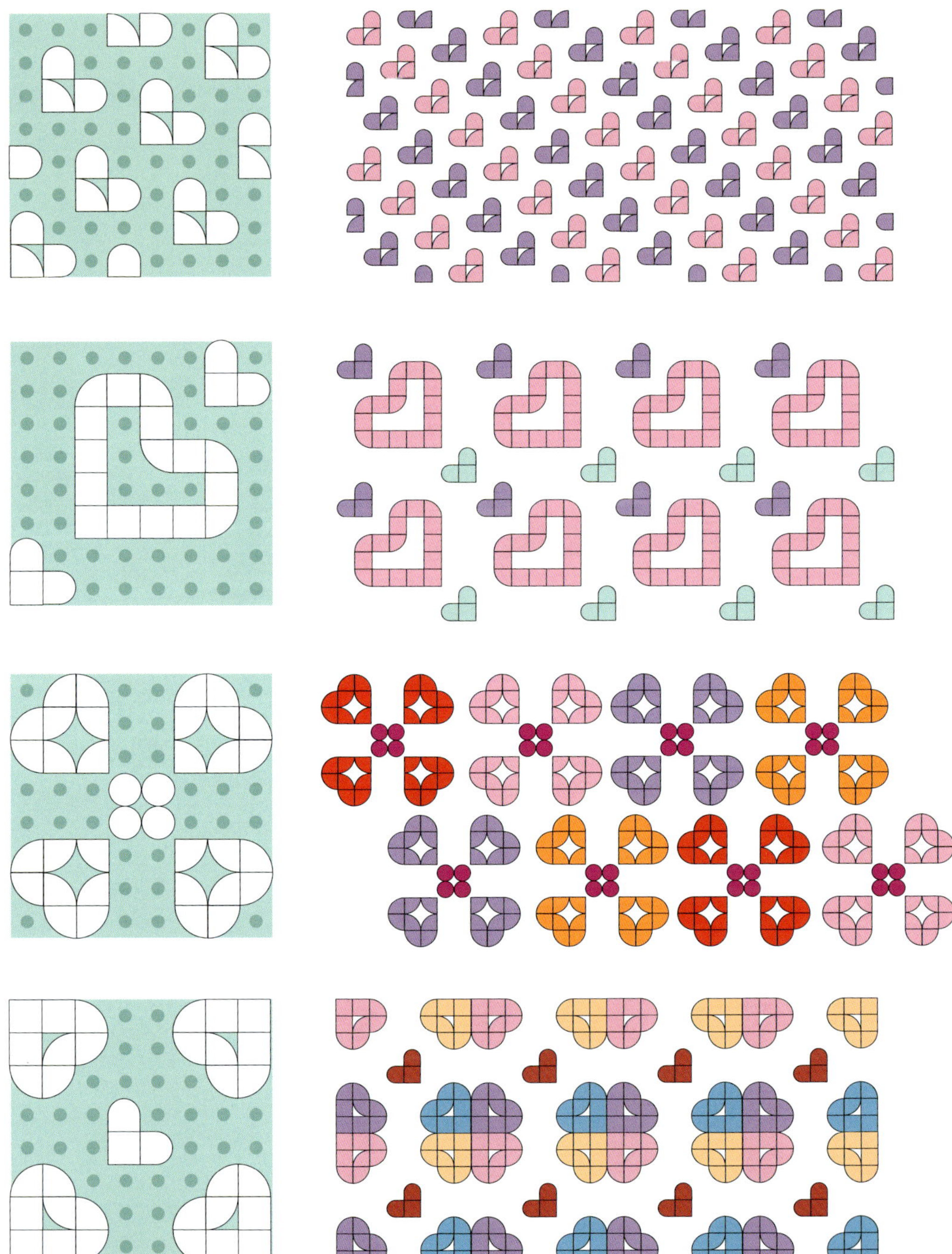

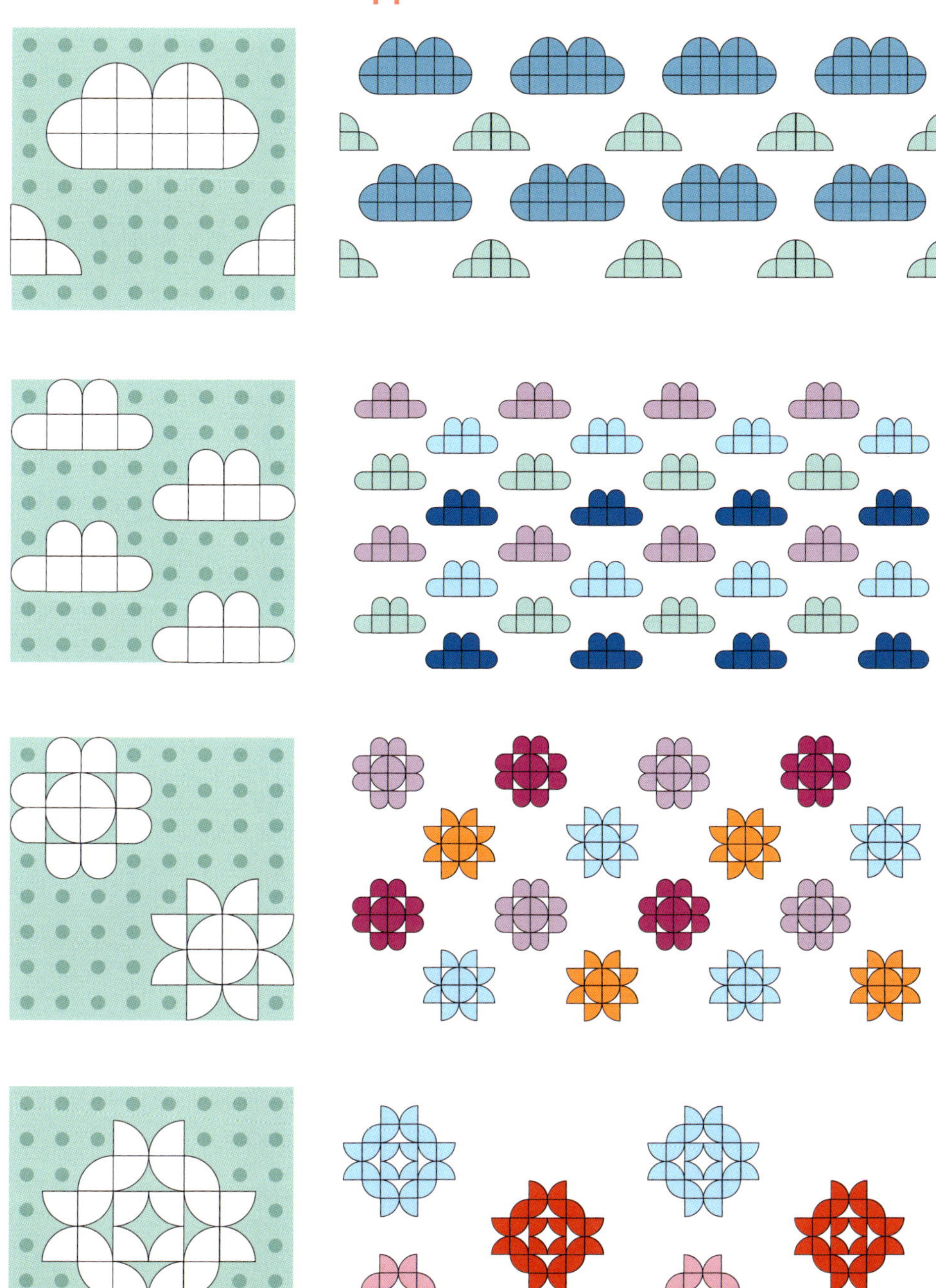

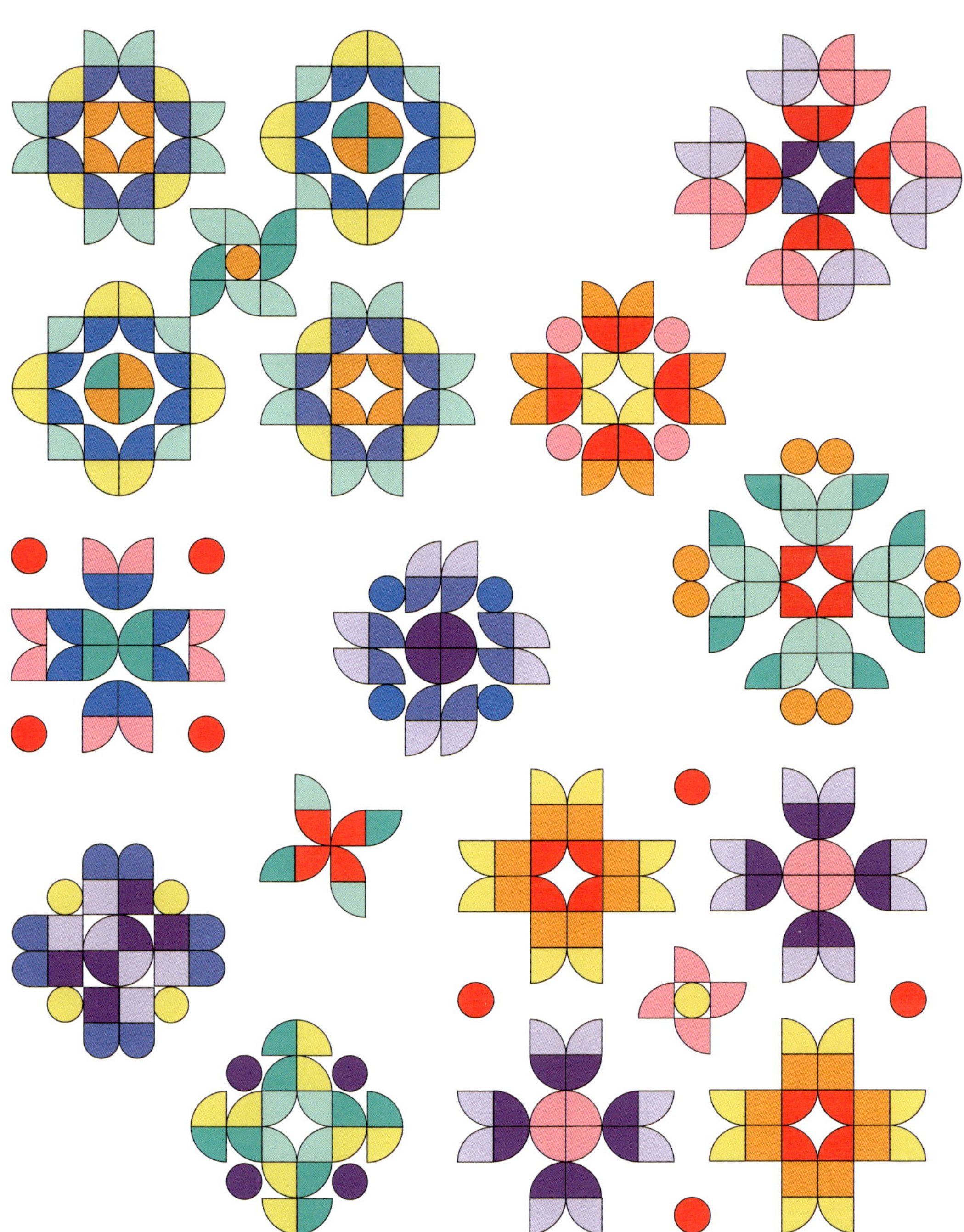

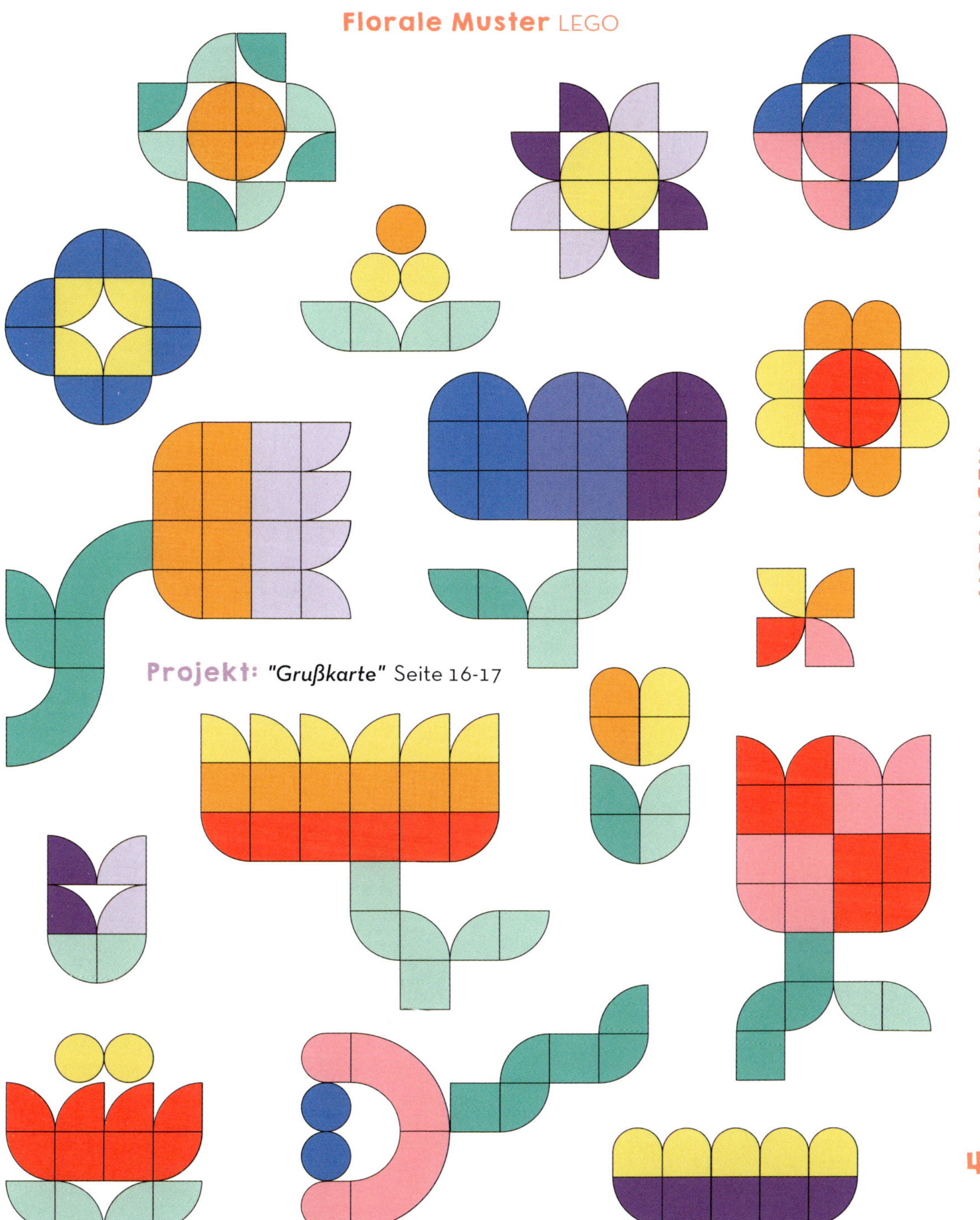

Projekt: *"Grußkarte"* Seite 16-17

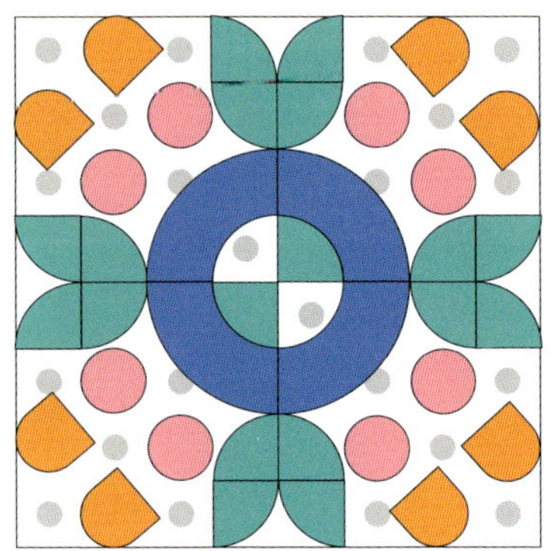

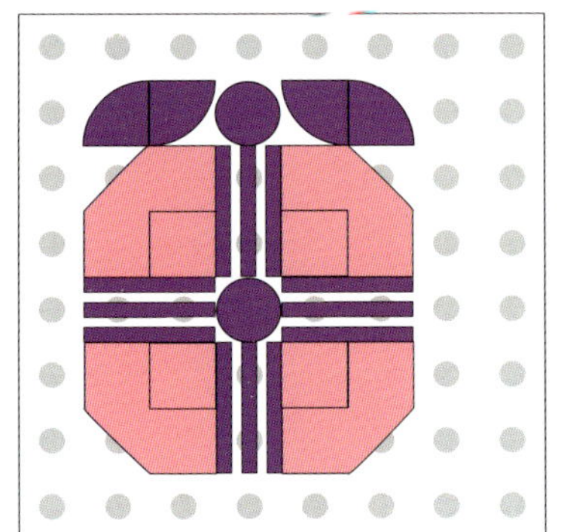

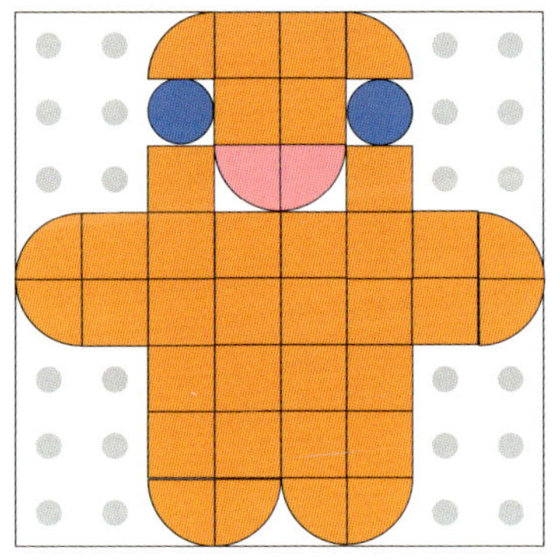

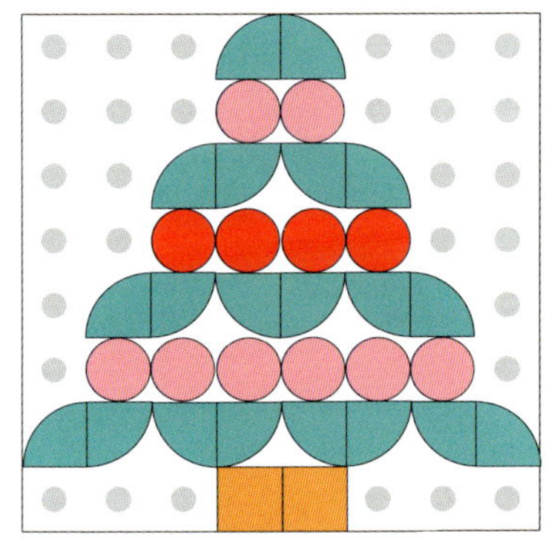

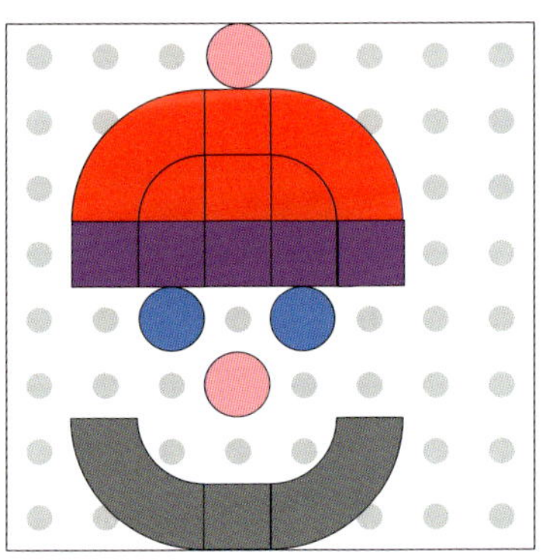

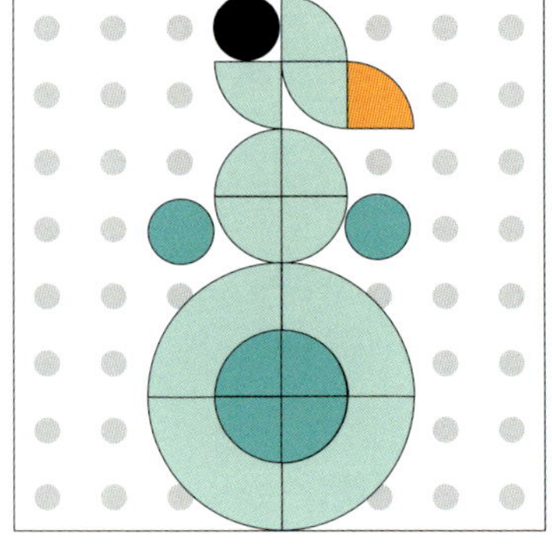

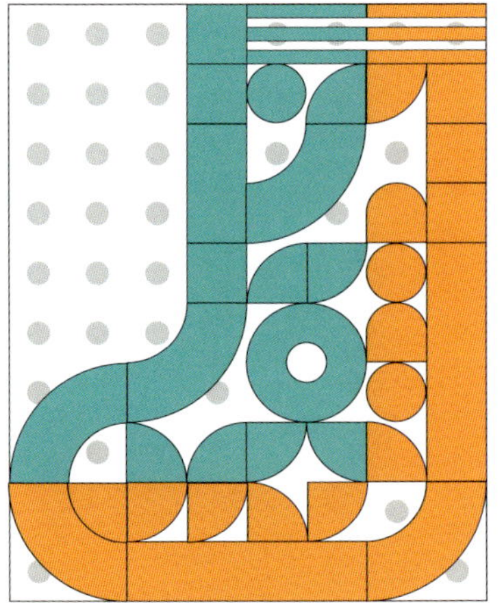

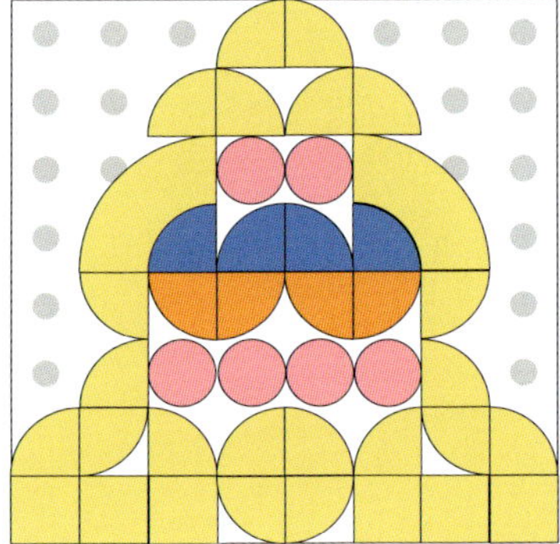

Muster MINISTECK

Projekt: *"Furoshiki mit Rapportdruck"* Seite 22-23

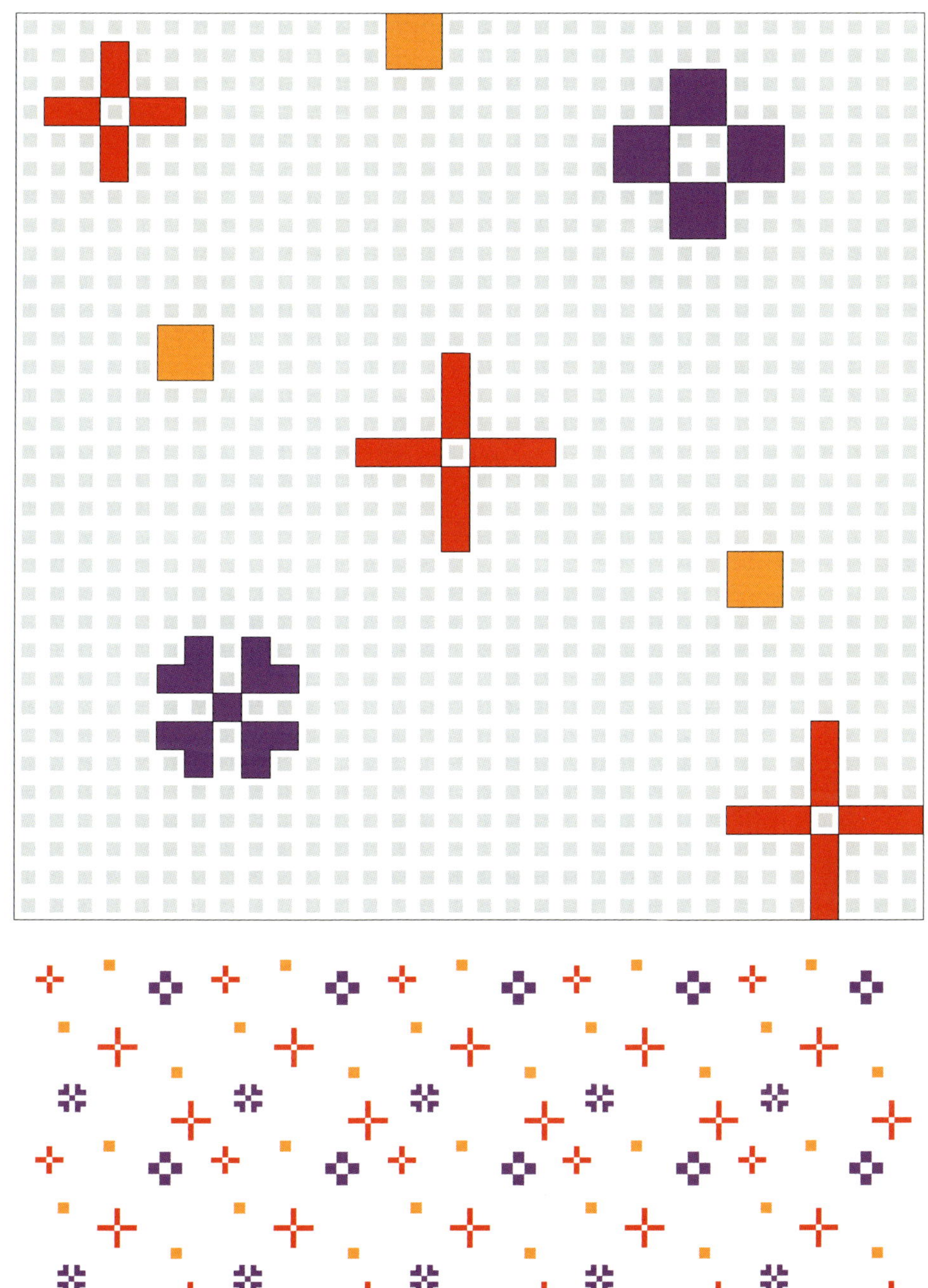

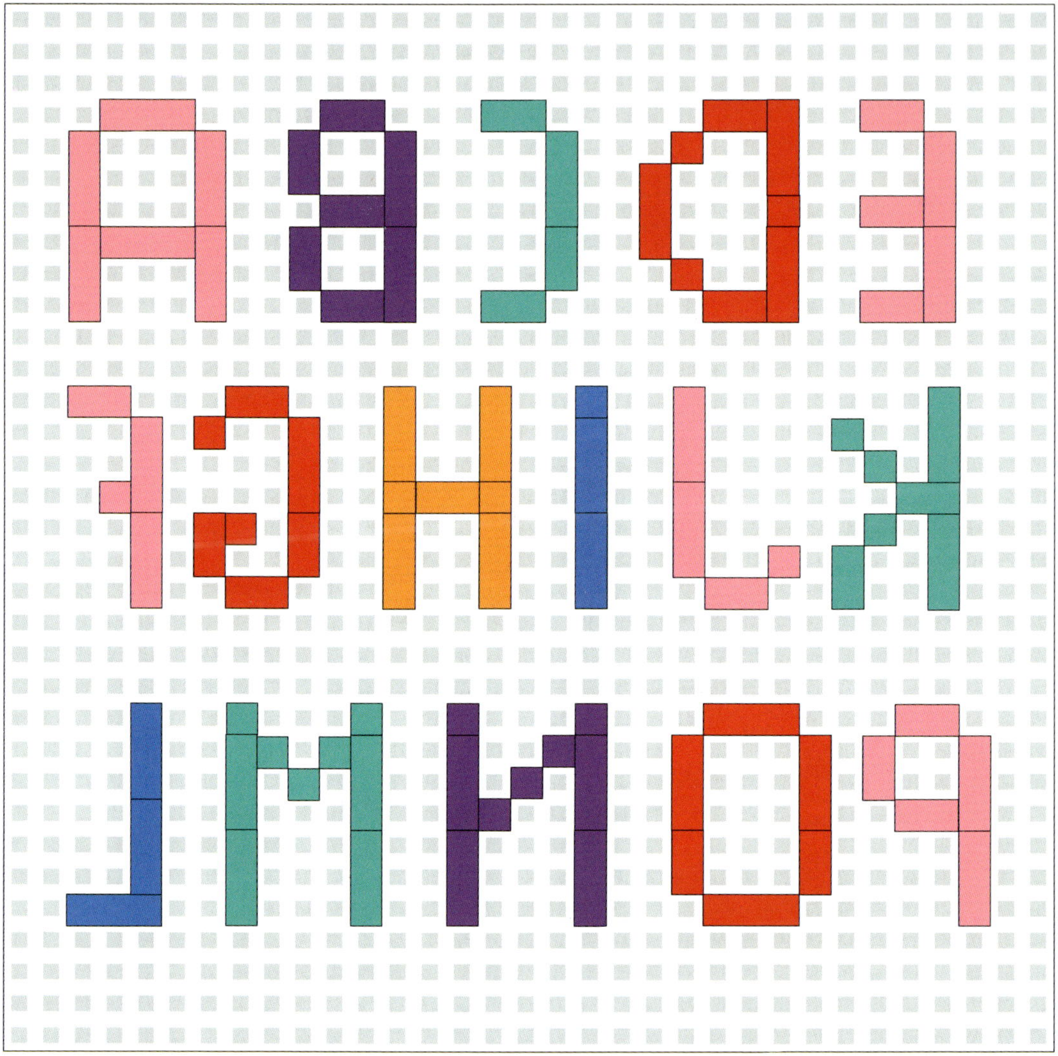

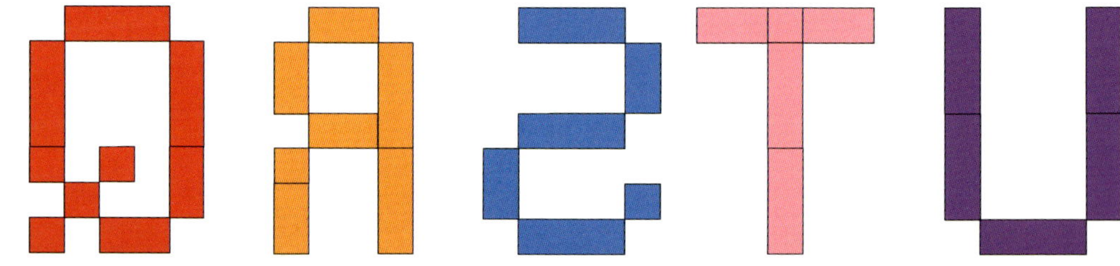

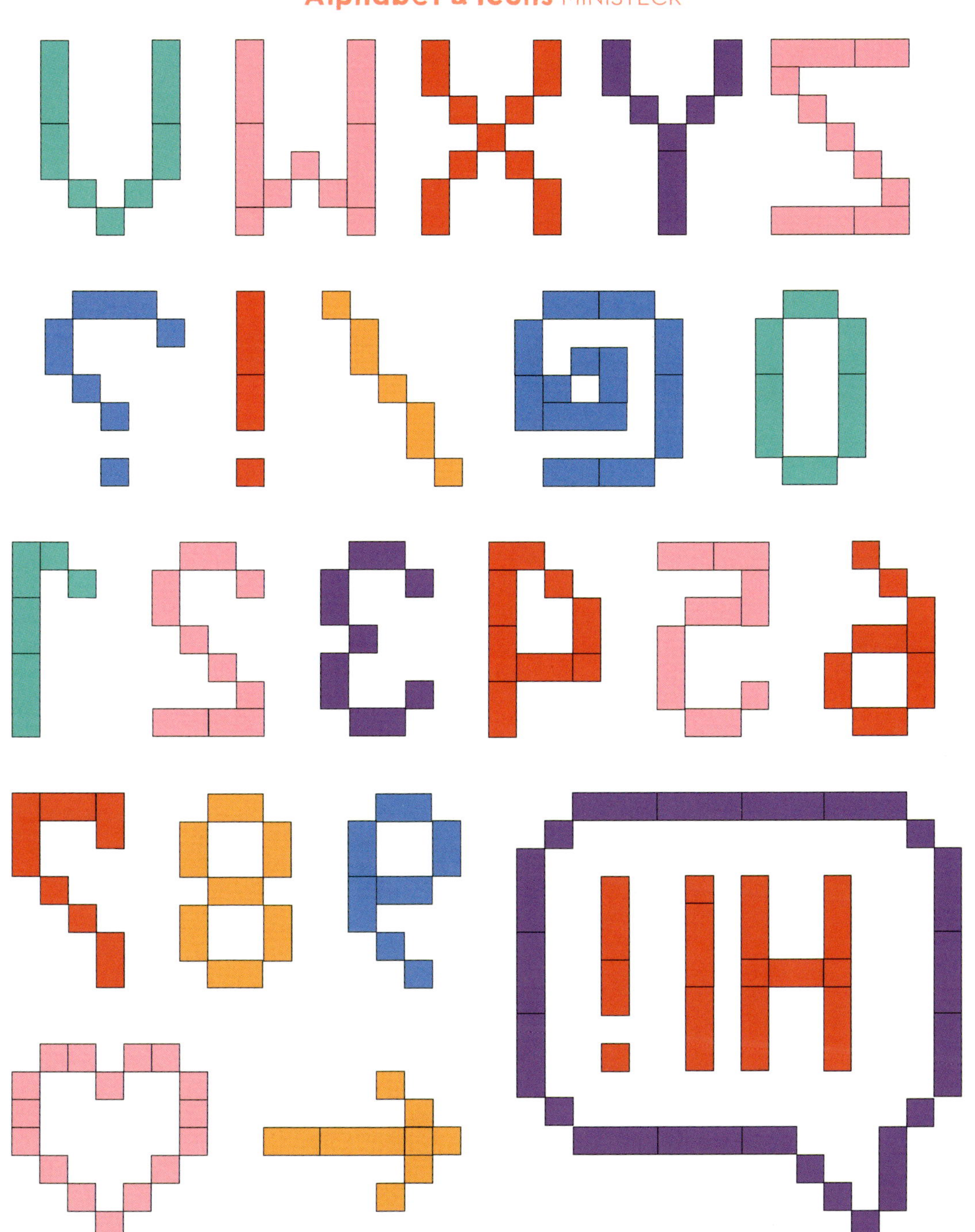

über die Autorin

Seit 2009 leitet Sabrina Sundermann die „Small Caps"-Druckwerkstatt in Berlin. Dort druckt sie ihre eigene Papeterie auf antiken Handpressen und bietet maßgeschneiderte Drucklösungen für Hochzeitseinladungen, Visitenkarten und andere Papeterie an. Zudem organisiert sie Workshops für Kreative, Designer*innen, Lehrkräfte und Kinder, die das Handwerk des Buchdrucks erlernen oder einen schönen kreativen Nachmittag haben wollen.

www.smallcaps-berlin.de

Danksagung

Ein großer Dank geht an den Verlag Edition Michael Fischer und an Anja für die Möglichkeit, dieses Buch zu schreiben und dadurch noch mehr Menschen für das kreative, spielerische Drucken zu begeistern. Außerdem möchte ich meinen großzügigen Sponsoren Rayher und Merry and Bright danken.

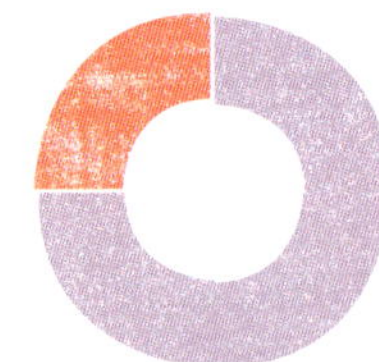

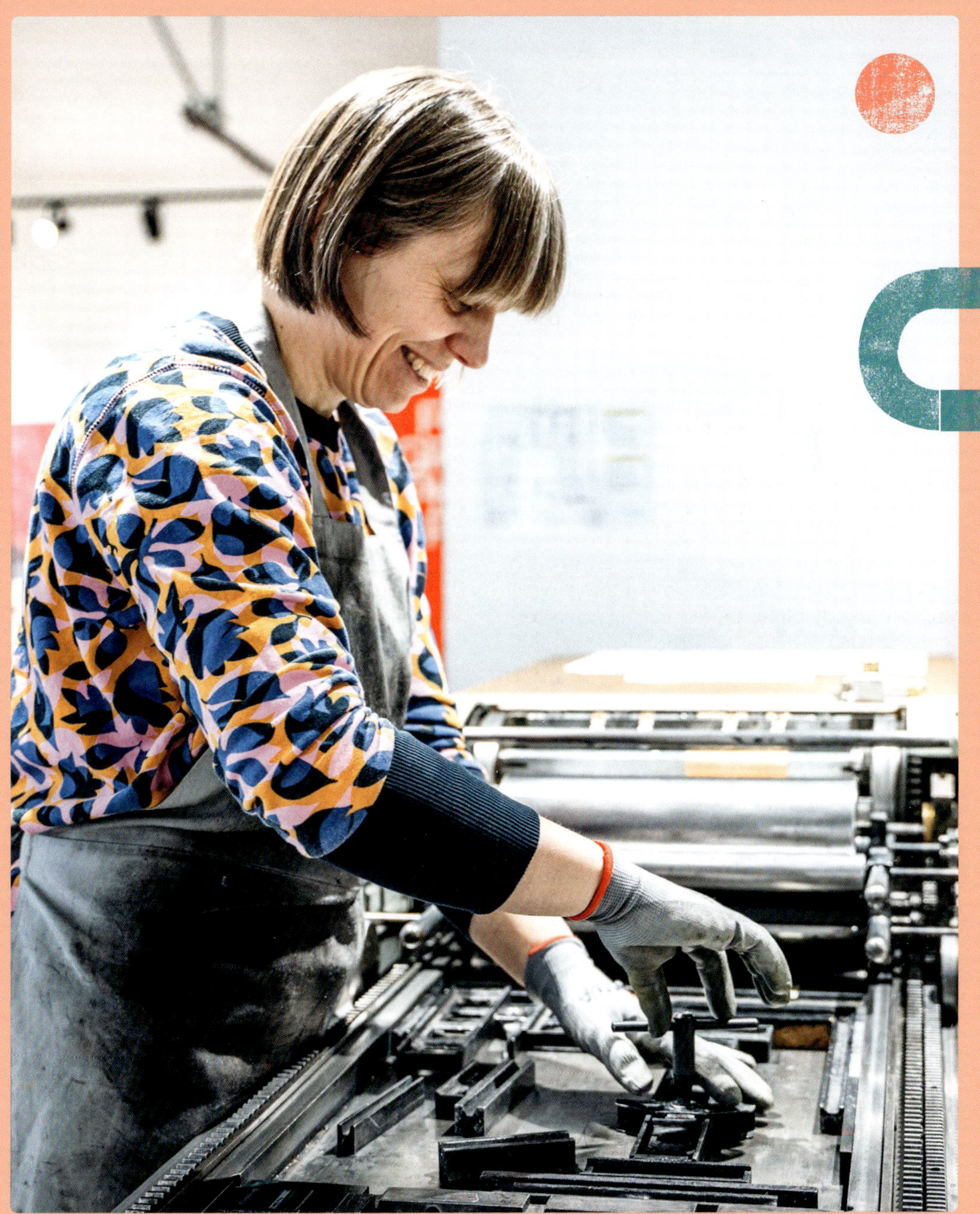

© Merilin Metsamaa

Impressum

Bibliografische Information
der Deutschen Bibliothek.

Die Deutsche Bibliothek verzeichnet diese Publikation in der Deutschen Nationalbibliografie.

Detaillierte bibliografische Daten sind im Internet über http://www.dnb.de/ abrufbar.

EIN BUCH DER EDITION
MICHAEL FISCHER

1. Auflage 2024

Covergestaltung: Theresa Maringer
Redaktion und Lektorat: Anja Brinkmann
Layout und Satz: Julia Deuter
Vorlagendesign: Sabrina Sundermann
Cover- und Aufmacherfotos: SHOT Stills – Katja Schubert, München

Hintergrundgrafik: © mikesj11/Shutterstock
Buchrückengrafik: © Martial Red/Shutterstock

ISBN 978-3-2200-4

Gedruckt bei Polygraf Print, Capajevova 44, 08001 Prešov, Slowakei

www.emf-verlag.de